REAVIVADA POR EL AMOR

ANN VOSKAMP

Ilustrado por Stephen Crotts

REAVIVADA POR EL AMOR

Un peregrinaje transformador
de 40 días con el Amor mismo

Tyndale House Publishers
Carol Stream, Illinois, EE. UU.

Visita Tyndale en Internet: TyndaleEspañol.com y BibliaNTV.com.

Visita a la autora en AnnVoskamp.com.

Reavivada por el Amor: Un peregrinaje transformador de 40 días con el Amor mismo

Originalmente publicado en inglés en el 2025 como *Loved to Life: A 40-Day Pilgrimage with Love Himself That Will Change Your Life* por Tyndale House Publishers con ISBN 978-1-4964-3634-4.

Diseño: Julie Chen

Edición en inglés: Stephanie Rische

Traducción al español: Marcelo Rubén Valdez para AdrianaPowellTraducciones

Edición en español: Ayelén Horwitz para AdrianaPowellTraducciones

Publicado en asociación con la agencia literaria William K. Jensen, 119 Bampton Court, Eugene, Oregon 97404.

Para información acerca de descuentos especiales para compras al por mayor, por favor contacte a Tyndale House Publishers a través de espanol@tyndale.com.

ISBN 979-8-4005-0870-7

Impreso en Estados Unidos de América
Printed in the United States of America

31 30 29 28 27 26 25
7 6 5 4 3 2 1

A uno de los de la generación que vino antes:
Bill Jensen, cuyo amor firme y cruciforme ha tenido
un impacto profundo en mi vida y en innumerables vidas
porque su vida ha apuntado hacia la vida misma.

Y a todos nuestros seres queridos de la generación que viene detrás,
a cada uno de nuestros nietos:

Solo una vida, que pronto pasará,
solo lo que se hace por Cristo perdurará.

Vive para Jesús, vive para Jesús. Él vino a darnos la vida,
la vida verdadera en plenitud.

CONTENIDO

INTRODUCCIÓN

LO DIVINO ENTRÓ EN EL TIEMPO: Dios sabe lo que se siente estar donde estás, donde estuviste.

Dios mismo fue magullado y golpeado por este viejo mundo hecho pedazos.

Dios probó la amargura de la decepción.

Se asomó al abismo del abandono.

Dios gime.

Dios enferma ante la enfermedad y la muerte.

¿Hay alguna manera de salir de todo esto, de en realidad vivir una vida plena?

Dios sabe lo duro que es este planeta arruinado. Dios sabe que no eres más que polvo.

Pero polvo al cual con su caricia le dio forma de alma; polvo sobre el cual se inclinó y trajo a la vida con el calor de un beso divino y santo. De la suciedad del polvo comenzó la única historia de amor que puede atravesar el tiempo y continuar para siempre.

Tú, *tú*, eres amada hasta la muerte y la resurrección a la vida verdadera y satisfactoria. Esta es la historia más verdadera de todo el universo. Él es el único que te amó hasta la muerte y vino a resucitarte a la vida que siempre esperaste. ¡Solo la pasión de Dios te ha amado así y quiere que experimentes plenamente ser amada para la vida en toda su abundancia! (Juan 10:10).

En el huerto de Getsemaní, antes de ir a la cruz de la pasión en el calvario, Jesús abrió su corazón. El Rey del universo literalmente sudó gotas de sangre por la agonía de morir así. Pero ¿por qué se enfrentaría a la muerte de esta forma?

Sócrates se enfrentó a su propia muerte sin inmutarse, bebió valientemente una copa de cicuta venenosa. El antiguo rey israelita, Saúl, exigió ser atravesado con una espada; y cuando su súbdito se negó, él mismo empujó su suave abdomen sobre la reluciente punta afilada.

Perpetua de Cartago, una conversa que fue arrojada al anfiteatro a causa de su fe, se enfrentó a una bestia salvaje con estas últimas palabras: «Estad firmes en la fe y amaos los unos a los otros, todos ustedes, y no os ofendáis por mis sufrimientos»[1]. Luego, murió atravesada por el filo de la espada del gladiador.

Pero Dios, quien respiró y dio a luz estrellas en los rincones más profundos y oscuros del universo, «comenzó a sentir temor y angustia» en el huerto de Getsemaní antes de la cruz. Expresó: «Es tal la angustia que me invade que me siento morir» (Marcos 14:33-34).

¿Por qué Dios, la fuente de toda vida, se retorcería tambaleándose en el estremecedor precipicio de la muerte?

Porque a lo que se enfrentó el Dios trino, en la persona de Jesús, no fue solo a la muerte como enfrentaron Perpetua, Saulo o Sócrates. Lo que el Dios trino, en la persona de Jesús, probó en las sombras tenebrosas del huerto de Getsemaní, lo que absorbió, tragó y metabolizó, fue todo el quebrantamiento, toda la oscuridad, toda la tristeza que existió desde todos los tiempos en cada átomo, cada segundo, cada ápice del universo en su totalidad... y en tu propio corazón.

Dios agonizó ante el dolor y la traición. Nunca lo dudes: Dios entiende dónde estás y sabe lo que es ser tú. La *vulnerabilidad* de esta clase de Dios demuestra la *fiabilidad* de este tipo de historia.

Jesús sostenía la copa que contiene la historia que nunca quisiste. Jesús sostuvo la copa que contiene la oscuridad que nunca quisiste conocer; el dolor del que desearías que tú y tu gente hubieran escapado; las cicatrices que dañaron para siempre tu único corazón.

Él susurra vulnerablemente: «Padre, si quieres, no me hagas beber este trago amargo» porque conoce la copa de sufrimiento que tuviste que beber y sabe exactamente cómo te sentiste (Lucas 22:42).

Antes de que Jesús fuera amamantado sabía que finalmente bebería la copa más amarga como sacrificio de amor por ti (Mateo 17:22-23; Lucas 9:22; Mateo 20:22-23). Antes de que Jesús soplara vida en este planeta conocía el plan de que moriría como un sacrificio por ti (Efesios 1:4; Apocalipsis 13:8). Y, sin embargo, Jesús sostuvo la singular copa del sufrimiento que contenía más dolor del que nadie jamás haya conocido. Una copa que nadie más tuvo que sostener, porque él tiene que sostenerte y llevar todo lo que te correspondía cargar.

Y, aún más que eso, la copa en la mano de Jesús es la copa que contiene toda la angustia santa de Dios contra todo el mal horroroso del mundo; toda la justicia divina y correcta de Dios contra toda la oscuridad injusta del mundo y todo lo que hubieras tenido que tomar.

Con la copa sobre los labios, Dios miró dentro del infierno, vio todo aquello de lo que alguna vez te avergonzaste o deseaste con desesperación haber hecho de manera diferente. Y de pie en el borde del infierno furioso, el Dios trino reclinó esa copa abrasadora, porque su pasión por ti ardía más que la copa.

Si la visión de esta copa de sufrimiento angustió incluso a este Dios-Hombre sobrenatural, ¿qué otra cosa lo hubiera impulsado a beber una agonía tan grande sino su amor sobrenatural más profundo y aún mayor por ti?

Por amor a ti... Jesús estuvo dispuesto a beber «la copa de la furia [...] hasta la última gota» (Isaías 51:17, NTV).

Por amor a ti... Jesús bebió por voluntad propia esta copa. Aunque se tambaleó cuando probó la agonía de la copa, Jesús no lo hizo por ignorancia ni de manera accidental e inconsciente ni por error. La bebió *por amor para traerte de nuevo a la vida.*

Jesús no tomó la copa por obligación. Derramó por voluntad propia todo de sí mismo porque no quería otra cosa más que insuflar vida a tus pulmones eternos, reavivar tu corazón con una esperanza llena de vida. El horror que probó en el huerto lo bebió hasta la última gota en la cruz; Jesús sabía lo que era, y lo hizo porque te ama de manera intransigente, incomparable, plena.

Su corazón está abierto de par en par por amor a ti, a todos aquellos que vinieron antes que tú y a todos aquellos que vendrán después de ti: a toda la humanidad que alguna vez fue y que alguna vez será. Ante él, todo el infierno se abrió. En su mano estaba el pozo, el abismo, el precipicio llameante de la copa. Dios escogió beberla toda porque te eligió a ti, besa todas tus heridas hasta que sean sanadas con salud insondable y perfecta.

Hizo por ti lo que nunca podrías haber hecho por ti misma: se entregó a sí mismo para cubrir la brecha imposible entre donde estás y donde está la perfección. La distancia que nunca podrías cubrir la cubre consigo mismo.

Amarte hasta la muerte y la resurrección le costaría a Dios todo de Dios.

Jesús se hizo a sí mismo tu sustituto, porque sabía que nada en todo el universo podía ser un sustituto para ti.

Encontrarás el amor que estuviste buscando toda tu vida cuando te vuelvas y mires a aquel que te dio toda su vida.

En medio de un mundo de crisis interminables, la crisis final que enfrenta tu alma ya terminó, porque la perfección de Jesús está ahora sobre ti. Los brazos perfectos de Jesús están debajo de ti para cargarte a lo largo de todo el camino para que puedas descansar en su misma perfección. No tienes que esperar a tener una vida perfecta para tener una vida feliz, porque Jesús ya te dio su vida perfecta y él es toda la perfección que necesitarás.

Hecho.

Terminado.

Completo.

Concluido.

En verdad triunfaste cuando toda tu vida es una peregrinación con Dios.

Embárcate en esta peregrinación con Jesús a través de todo el libro de Juan durante los próximos cuarenta días y descubre el amor que hay por ti en su corazón amplio y desnudo, un amor que te llevará de apenas sobrevivir a vivir apasionadamente la vida más plena.

NO TIENES QUE
ESPERAR A TENER
UNA VIDA PERFECTA
PARA TENER UNA
VIDA FELIZ,
PORQUE JESÚS YA
TE DIO SU VIDA
PERFECTA Y ÉL ES
TODA LA PERFECCIÓN
QUE NECESITARÁS.

EL LARGO BRAZO DEL AMOR

En el principio ya existía el Verbo, y el Verbo estaba con Dios, y el Verbo era Dios. Él estaba con Dios en el principio. Por medio de é l todas las cosas fueron creadas; sin él, nada de lo creado llegó a existir. En él estaba la vida y la vida era la luz de la humanidad. Esta luz resplandece en la oscuridad y la oscuridad no ha podido apagarla. [...]

Y el Verbo se hizo hombre y habitó entre nosotros. Y contemplamos su gloria.

JUAN 1:1-5, 14

Día *1: «En el principio ya existía el Verbo». Juan 1:1*

EN EL PRINCIPIO era la gloria del Verbo: literalmente, el *logos* de Dios, la lógica de Dios que insufló vida a personas de polvo como nosotros.

La lógica de Dios se cubrió de piel y se trasladó, no a las torres de marfil ni a los sistemas sociales ni a las altas esferas del poder, sino a *nosotras*, que no somos más que polvo. Porque el consuelo nunca se encuentra en las respuestas; el consuelo se encuentra en los brazos.

La lógica de Dios se hizo carne. Jesús entró en el tiempo como un bebé, sus brazos se extendían desde el pesebre. Incluso ahora, sostiene al mundo entero en sus manos al haber muerto con los brazos completamente extendidos.

La lógica de Dios —el Verbo, Jesús— no ofrece respuestas frías. Nos ofrece a nosotras, quienes no somos más que polvo, sus cálidos brazos, un lugar justo al lado de su corazón, para reavivar nuestro corazón.

Las respuestas son cosas rígidas, inamovibles. ¿Pero los brazos? Los brazos pueden extenderse para defenderte. Los brazos son armas contra la adversidad. Los brazos pueden moverse a tu alrededor y sostenerte. Los brazos te darán *compañía*, que es lo que más anhelas.

A nosotras, que no somos más que polvo vulnerable, que vivimos en un mundo tremendamente duro enfrentando todo tipo de situaciones tremendamente difíciles, lo que nos da vida es este alivio: no tienes que tomar las armas para defenderte, porque Jesús te toma en sus brazos. Jesús es la forma en que levantas las armas contra las tinieblas, contra el desaliento, contra la desesperación y contra el diablo. Los brazos de Jesús pueden conmoverte genuinamente, y en realidad pueden cargarte. Todos los guerreros lo saben: son los brazos los que pueden llevarte a la victoria.

Aunque no eres más que polvo, puedes sentirlo ahora: debajo de ti no hay extensiones solitarias de desierto ni abismos de desesperación ni escombros de sueños arruinados; debajo de ti están «los brazos eternos» del Amor mismo (Deuteronomio 33:27, NTV).

Cuando eliminas toda duda, te despojas de toda pregunta inquietante, llegas al fundamento que lo sostiene todo: los brazos eternos de Dios.

Todo lo demás puede soltarte, puede cortarte en lo profundo, puede terminar, pero debajo de ti estarán siempre los brazos eternos de Dios. Y cuando estás en tu punto más bajo, debajo de ti están sus brazos que harán lo que sea para sostenerte.

Cuando caes, caes en sus brazos eternos, nunca podrás pasar a través de ellos.

El largo brazo del Amor siempre te atrapará, siempre te encontrará y te liberará de verdad. Ningún sufrimiento, ningún dolor, ninguna pérdida, puede sobrevivir a sus brazos eternos. Cualesquiera sean tus profundidades, las profundidades de su amor divino por ti son aún más profundas.

Te lo aseguro: el mal es una serpiente sin brazos que se retuerce en el polvo; sin brazos el mal no puede ganar batallas. Jesús aplastó la cabeza de la serpiente y desarmó al mal para siempre. Debido a que el mal no tiene brazos, no hay nada en todo este universo oscuro que pueda arrebatarte de los brazos seguros de Jesús.

El Verbo se hizo carne. Jesús tiene brazos; brazos que extendió en una cruz para encontrarte, para alcanzarte, para abrazarte, para matar a la oscuridad con el propósito de ganarte y salvarte. Su amor por ti está clavado para siempre y allí permanecerá por la eternidad.

Las dudas y las decepciones intensas pueden agarrarte y tirar de ti, pero no tienen brazos para sujetarte. El dolor puede acecharte, pero no tiene brazos para mantenerte en sus garras. Lo único que se sostiene en todo este mundo es Dios, quien vino con brazos y tiene las curvas de tu nombre grabadas directamente en sus manos (Isaías 49:16).

Solo los brazos de Cristo pueden armarte para la batalla de la vida. Estás en los brazos mismos de Cristo en cualquiera que sea la batalla cruda en la que estés. Los brazos de Cristo son el único lugar donde se gana la paz.

Siente cómo su afecto por ti es desproporcionado en comparación con las aflicciones que enfrentas. Cualesquiera sean las profundidades de tu aflicción, mayores son las profundidades de su afecto. Quédate quieta en sus brazos, confiada y segura, firme y en calma.

Lo que tu alma busca por sobre todas las cosas es ser buscada. Cuando te recuestas y descansas en sus brazos, puedes mirarlo a los ojos y ver que todo lo que estuviste buscando estuvo siempre mirando en lo profundo de tu ser.

No eres más que polvo. Eres pequeña y finita, y al polvo volverás. Pero es verdad: cuando descansas en sus brazos y miras hacia arriba, ves que él te ve. El Amor mismo tendría que dejar de existir para que él alguna vez dejara de amarte.

En el principio, eras polvo. En el principio, era el Verbo y el Verbo estaba con Dios. El Verbo mismo está contigo ahora. A través de él todas las cosas son hechas: tú fuiste hecha, y estás siendo rehecha ahora mismo por el Amor, para el amor.

Aunque no seas más que polvo, *en él está la vida*. Aunque estés muriendo a ti misma, su vida y su amor vinieron a morar *dentro de ti*. Aunque conozcas los desiertos, serás sostenida con amor *por el Amor mismo*.

Aunque no seas más que polvo, verás su gloria. Solo el amor de Cristo puede desarmar todo lo que venga contra ti.

Este es el primer paso de tu peregrinación para ser reavivada por el amor: descansa en sus brazos, contempla su rostro y siente cómo su corazón late por ti.

NOTAS PARA MI ALMA TRAS ESTA PEREGRINACIÓN AL CORAZÓN DE JESÚS:

DESCANSA

EN SUS BRAZOS,

PORQUE SOLO

EL AMOR

DE CRISTO

PUEDE DESARMAR

TODO LO QUE

VENGA

CONTRA TI.

¡AQUÍ TIENEN!

Al día siguiente, Juan vio a Jesús que se acercaba a él y dijo: «¡Aquí tienen al Cordero de Dios, que quita el pecado del mundo! De este hablaba yo cuando dije: "Después de mí viene un hombre que es superior a mí, porque existía antes que yo". Yo ni siquiera lo conocía, pero para que él se revelara al pueblo de Israel, vine bautizando con agua».

JUAN 1:29-31

Día *2: «¡Aquí tienen al Cordero de Dios, que quita el pecado del mundo!». Juan 1:29*

CUANDO NO PODEMOS LEVANTAR el peso de nuestro corazón quebrantado, el peso de nuestras cargas, el peso de ser nosotras, todo lo que tenemos que hacer es levantar los ojos, solo los ojos, y mirar al Cordero de Dios.

Él ofrece su propia espalda para levantar y cargar con todo. Solo el Cordero de Dios tiene una espalda que se iguala a cualquier carga que llevemos. Él es el corazón quebrantado que carga al mundo.

Incluso las más cansadas entre nosotras podemos levantar los ojos para mirar al Cordero de Dios. En la paradoja de todas las cosas verdaderas, sin embargo, fijar la mirada en Jesús en realidad puede ser lo más difícil.

Porque enfocar los ojos siempre depende de cómo enfocamos el corazón.

Donde fijas tus ojos, allí está tu corazón. *Miras hacia donde está lo que amas.*

Mirar lo que tus manos pueden hacer, mirar aquello en lo que estás trabajando, mirar todo lo que tu esfuerzo está alcanzando, hace poco o ningún bien en absoluto. No tienes que saber qué hacer, sino simplemente decidir: Señor, Cordero de Dios, «a ti volvemos nuestros ojos» (2 Crónicas 20:12, RVR60).

El lugar hacia donde mires salvará o asfixiará tu vida.

Mira a tu Cordero —quien no tiene nada contra ti, sino que, por el contrario, te tiene contra su corazón— para que puedas soltar, no le escondas nada. Somos afortunadas en el amor todas nosotras, cuyo quebrantamiento tácito es perdonado, cuyos fracasos son quitados por Aquel que quita todos los pecados del mundo, porque está cautivado con nosotras: sus amadas (Salmo 32:1; Hebreos 10:4).

Antes de que el fundamento del mundo fuera establecido, estaba tu Cordero, quien dio la vida por el amor eterno que siente por ti. Antes de que se diera un paso fuera del Jardín del Edén, estaba tu Cordero, quien, allí en el Jardín, se adelantó para entregarse a sí mismo para cubrir toda tu desnudez y quebrantamiento. Antes de que nuestro padre Abraham sacrificara a su único hijo, estaba tu Cordero, quien se ofreció a sí mismo como el unigénito para ser nuestra sustitución, nuestra provisión, nuestra restitución, nuestra revolución del alma, nuestra absolución y nuestra solución definitiva. Antes de que ningún lamento saliera de los labios de Egipto por la muerte de sus primogénitos, estaba tu Cordero, quien se sacrificó dejando su sangre sobre cada marco de la puerta para que el ángel de la muerte pasara por encima de todos los hijos de Dios con un beso de gracia eterno. Antes de cada sacerdote levítico con purificación en su mente, estaba tu Cordero, quien dejó al descubierto su corazón vulnerable, inmolado por amor a ti. Antes de los esquiladores, estaba tu Cordero, quien guardó silencio porque su amor, que habla más fuerte que todo, silenció todas las mentiras que dicen que no eres digna de ser amada para que vivas la vida más plena.

Aquí está tu Cordero, el Amor rendido, justo delante de ti. Te está mirando a los ojos para ver si lo estás buscando.

¿Qué debería tener más preeminencia que mirar hacia el Cordero que mata todos nuestros leones?

Pero el ojo humano tiende a ser atraído hacia cualquier lugar donde se haya dibujado un agujero.

Así es como el ojo humano mira: hacia las pérdidas, obsesionados con lo que no podemos arreglar. Los ojos del corazón son atraídos por las ausencias. Miramos hacia las pérdidas porque nuestra salud interior depende, a fin de cuentas, de cómo procesamos y vivimos a pesar de y a través de las pérdidas sin fin. La forma en que vemos nuestras pérdidas determina cómo enfrentamos nuestra vida.

¿Cómo hacemos para mirar nuestras pérdidas y seguir viviendo plenamente? Mira, he aquí el Cordero de Dios que quita toda la maldad, la oscuridad y la pecaminosidad; el Cordero que lo toma todo para que en realidad podamos conocer la pérdida de todo lo que quisimos deshacernos con desesperación. He aquí el Cordero que nos quita todo lo que no queríamos en nuestra vida para que ninguna de nuestras cargas o pérdidas pueda superar nuestra gran ganancia *en él*.

El Cordero que quita todo lo malo por nosotras es digno de tomar todo lo que está en nuestras manos como nuestra ofrenda de agradecimiento:

> *«¡Digno es el Cordero, que ha sido sacrificado,*
> *de recibir el poder,*
> *la riqueza y la sabiduría,*
> *la fortaleza y la honra,*
> *la gloria y la alabanza!».*
>
> APOCALIPSIS 5:12

He aquí el Cordero de Dios que quita todas las tinieblas para llevarnos a él, para vernos, para conocernos, para sostenernos.

Cuando contemplas sin detenerte al Cordero de Dios que quita los pecados del mundo, tienes lo que se necesita para seguir adelante, porque él te lleva. Un paso santo tras otro, en una peregrinación hacia el único Amor que revive por completo.

NOTAS PARA MI ALMA TRAS ESTA PEREGRINACIÓN AL CORAZÓN DE JESÚS:

DONDE FIJAS

TUS OJOS,

ALLÍ ESTÁ

TU CORAZÓN.

MIRAS HACIA

DONDE ESTÁ

LO QUE AMAS.

EN SUS OJOS

Al día siguiente, Juan estaba de nuevo allí con dos de sus discípulos. Al ver a Jesús que pasaba por ahí, dijo:

—¡Aquí tienen al Cordero de Dios!

Cuando los dos discípulos lo oyeron decir esto, siguieron a Jesús. Jesús se volvió y al ver que lo seguían, les preguntó:

—¿Qué buscan?

JUAN 1:35-38

Día *3: «¿Qué buscan?». Juan 1:38*

LO DIVINO ESTÁ EN LOS DETALLES.

Este tipo de detalle, que señala con cuidado que fue justo «al día siguiente» cuando Juan vio pasar a Jesús, significa que este es, nada menos, que un relato detallado de un testigo ocular del Dios que es Amor descendiendo a nosotros. Solo el relato de un testigo ocular real, quien vio al Divino mismo, podría dar testimonio de estos detalles de la hora del día.

Esta historia no es el contenido de una leyenda, es el contenido de la literalidad, el contenido de la vida y el amor, el contenido que solo se puede contar si se mira con los propios ojos. ¿Por qué estos escritores de ascendencia judía, que creían categóricamente que el nombre de Dios, YHWH, era demasiado santo para ser pronunciado en voz alta, se esforzarían tanto para inventar una mentira deliberada de que su Dios sagrado tomó tuétano, se cubrió de piel y se mudó a la puerta de al lado y a los aposentos de nuestro corazón? ¿Por qué estarían dispuestos a ser martirizados y a morir por una mentira tan descabellada? O todo esto es una artimaña bien elaborada o todo esto es la pasión de Dios: el Divino que entró en el tiempo para desafiar la lógica y amarnos más allá del tiempo.

O bien innumerables personas eligieron morir por una mentira que dijeron haber visto con sus propios ojos o el Dios del cosmos se deslizó en la forma humana y entró en la historia, nos amó hasta la muerte y resucitó para que tuviéramos vida plena por amor.

Juan asegura en su relato acerca de Jesús: «¡Aquí tienen al Cordero de Dios!». ¡He aquí la Palabra! ¡He aquí el Cordero! A lo que Jesús respondió con su primera declaración registrada en el Evangelio de Juan: «¡Vengan a ver!».

En el relato verdadero de Juan, las primeras palabras que salieron de la boca de Dios en este suelo fueron la pregunta «¿Qué buscan?» y la invitación «Vengan a ver».

Jesús quiere saber qué es lo que tú quieres y quiere que vengas y veas que todo lo que él es, pues él es todo lo que quieres en realidad.

¿Qué es lo que quieres en realidad?

¿Te atreves a venir a verlo y a creer que una vez que lo mires vendrás a él porque él en realidad es lo que más deseas?

Cuando vengas a verlo, dejarás cosas atrás para estar con él. Tal vez sea posible contemplar al Cordero en cualquier lugar, pero no puedes ser una discípula del Señor hasta que dejes las cosas atrás y vengas para estar con él. Treinta veces a lo largo de sus escritos sagrados, incluyendo el libro de Apocalipsis, Juan señala al Señor de todo como el Cordero de Dios, porque contemplar al Cordero en nuestros tiempos más difíciles es lo que puede mantener nuestra vida en pie. La peregrinación hacia la vida más plena, sin embargo, es más que solo contemplar al Cordero de Dios, quien quita todo el pecado de tu mundo, y que tomarlo simplemente como un paso de acceso completo al cielo en lugar de el Señor de todas tus pasiones y tu mayor pasión. Una cosa es seguir los pensamientos e ideas de alguien a través de un escenario o de las redes sociales, aplaudir sus puntos de vista que centraron tu mirada en mejores horizontes y formas de pensar que quizás cambiaron la forma en que vives. Seguir la plataforma de alguien, sin embargo, no es lo mismo que seguir a alguien al altar matrimonial y entregarle tu vida; esto cambia todo en tu vida. (De todas las imágenes pintadas para nosotras en la Palabra con el propósito de capturar la relación de Jesús con nosotras, una de las más tiernas de todas es la imagen de Jesús como nuestro novio, y de nosotras como su amada, su novia [Lucas 5:33-35; Apocalipsis 21:2]).

Unirse a las creencias de alguien no es lo mismo que escribir su nombre en tu dedo anular y darle tu vida. Puedes *creer* en alguien sin comprometerte con él como tu *ser amado*. Cuando estás comprometida con alguien, cuando te conviertes en una con alguien no solo lo aplaudes y le dices que es genial, como hacen algunos seguidores en las redes sociales, sino que le cuentas *todo*: los detalles crudos, íntimos y cotidianos de tu vida. Quienes te miran pueden decir que están juntos. En realidad, hay un mundo de diferencia entre unirse a la creencia de alguien y jurar lealtad a la vida de alguien. Jurar lealtad a alguien te va a costar algo, tal vez, *todo*.

Cuando contemples al Cordero de Dios, quien quita los pecados del mundo, él te tomará y te desafiará a no solo observarlo, sino a *caminar con él*. Aquellas que en verdad lo contemplan serán limitadas a, nada menos, que el *discipulado*.

La vida de una verdadera discípula testifica que todos los demás amores ocupan un segundo lugar respecto al amor por Cristo, debido a la pasión amplia de Cristo por quienes ama.

Solo sabes lo que significa vivir como discípula cuando vives en el arte de la disciplina: el arte de rendir tus deseos presentes para recibir el regalo de una pasión aún mayor. Porque la verdad es que si te dejas llevar por tus pasiones, perderás la vida. Si pierdes tus pasiones en una pasión superior por Jesús, sin embargo, encontrarás el amor más grande... y tu mejor vida.

Tiene que haber algo más que solo creer, porque incluso los demonios creen. Esta es la única manera de ser una verdadera creyente: las creyentes lo contemplan y, luego, se convierten en discípulas. Jesús no está buscando creyentes que simplemente crean en él, está buscando discípulas que estén enamoradas de él, que permanezcan con él, que vivan con él.

El discipulado depende de la relación; cuanto más sólida sea nuestra *relación* con Cristo, más sólido será nuestro *discipulado* en Cristo. La *intimidad* de nuestra relación determina la *eficacia* de nuestro discipulado.

Después de contemplar a nuestro Cordero, cuyos ojos son gentiles, tiernos, llenos de consuelo y compasión, queremos venir y ver, y seguir viendo. Pero podemos sentirnos tentadas a desviarnos, distraernos, a volver nuestros ojos hacia lo que pensamos que es agradable para la vista, lo que es más fácil para nosotras, lo que permitirá que nuestra alma descanse con mayor facilidad.

Esto es cierto demasiado a menudo: la tentación puede ser apartar la mirada de él, mirar hacia otras direcciones, porque sentimos poca o ninguna atracción. Sentir poco —o, peor aún, sentir ganas de evitar la presencia de su gloria infinita e incomparable— es una confesión que causa gran dolor. Hay otros momentos en que la mirada de Dios puede encender una culpa que abrasa el alma; un fuego de fracaso. Pero esto es aún más cierto: si hay incluso el más mínimo grito de ayuda en nuestros ojos, hay un *sí* salvador y glorioso en los suyos, el cual extingue todo temor.

En ningún lugar en todo el universo es más fácil mirar que en los ojos del Cordero.

En sus ojos no encontrarás a uno que te repudia, sino a uno que se deleita en ti. En sus ojos no encontrarás ningún rechazo, sino una pasión sin fin que por amor te lleva a la vida verdadera. Él es santo y es completamente Amor. No temas su mirada, sino por el contrario sostén su mirada y siente cómo su amor puro quema toda la escoria, purificándote y sosteniéndote. Abrir tus ojos a él es abrirle la profundidad de tu ser y estar abierta a recibir la aceptación que toda tu vida estuviste buscando y la transformación que siempre esperaste. Nadie que mire a los ojos del Amor permanece igual. Mira a los ojos del Amor que se sacrifica por ti, que vive para darte, que se rinde por ti, que te cubre, que te sostiene, que te carga siempre y de manera incondicional, y comprometerás tanto tu vida como tu muerte a amar de la misma manera.

Este es un buen lugar para detenerse: el amor de Jesucristo por verte supera incluso tu propio anhelo por ser vista. Sus ojos están llenos de compasión por ti; esa compasión es el pasaje hacia el cambio completo dentro de ti. Estar unida a él es estar completa.

La pregunta sobre lo que significa ser una discípula de Jesús, ser una peregrina en este camino de peregrinación, solo puede ser respondida con cada momento de tu vida.

La gracia es gratuita, pero el discipulado cuesta. Dios es infinitamente digno de todo costo.

NOTAS PARA MI ALMA TRAS ESTA PEREGRINACIÓN AL CORAZÓN DE JESÚS:

VENGAN A VER

Al día siguiente, Juan estaba de nuevo allí con dos de sus discípulos. Al ver a Jesús que pasaba por ahí, dijo:

—¡Aquí tienen al Cordero de Dios!

Cuando los dos discípulos lo oyeron decir esto, siguieron a Jesús. Jesús se volvió y al ver que lo seguían, les preguntó:

—¿Qué buscan?

—Rabí, ¿dónde te hospedas? (Rabí significa «Maestro».)

—Vengan a ver —contestó Jesús.

JUAN 1:35-39

Día *4: «"Vengan a ver", contestó Jesús». Juan 1:39*

UNA VEZ QUE VISTE A DIOS, NO PUEDES DEJAR DE VERLO.

Jesús afirma en este momento: «Vengan a ver», sabe que lo que sea que veas *no podrás dejar de verlo.*

Una vez que presenciaste, encontraste, tocaste, rozaste, un poco de su gloria, no puedes dejar de *conocerlo.*

Aunque los críticos lancen todo tipo de argumentos para desacreditar a Dios; los escépticos difundan un montón de dudas sobre Dios; los expertos esperen que sus grandes suposiciones te conduzcan a otras perspectivas, la verdad innegable es que una vez que experimentaste a Dios no puedes dejar de experimentarlo.

Ningún argumento acerca de Dios puede imponerse a experimentar a Dios.

«¿Qué buscan? [...] Vengan a ver», dice Jesús. Él quiere tus ojos porque sabe que te enamoras de lo que miras.

Si miras fijamente las pantallas y el contenido digital por un tiempo prolongado, de todo lo que puedes enamorarte es de una imagen de ti misma o del reflejo de las cosas. Contemplar a Jesús de manera genuina, sin embargo, siempre conduce a seguirlo.

La pasión del Cordero finalmente te pregunta: *¿Qué es lo que más quieres en realidad?*

¿Quieres las cosas que se desvanecerán o las cosas que permanecen para siempre? ¿Quieres las cosas prescindibles o las cosas eternas? ¿Quieres las cosas que pueden llenar tus vacíos con estrés o las que pueden llenarlos con serenidad? El segundero del reloj te pregunta: *¿Qué quieres? ¿Qué quieres? ¿Qué quieres?*

¿Acaso nuestro deseo más profundo no es siempre cosas de otro mundo?

¿Quién simplemente quiere lo que brilla, titila y deslumbra; motas centelleantes en el viento? El corazón anhela las cosas sólidas que perduran por toda la eternidad; las cosas firmes como una roca que te anclarán contra cualquier viento en contra y sobrevivirán al fuego, las llamas y la ferocidad del mal.

Este es un mundo de amores, pero solo hay un amor que puede ser el sustento del alma. Solo una historia de amor puede sostener tu alma: solo la pasión por el Amor mismo.

¿Quién sino Jesús en realidad se muere por conocerte? ¿Quién sino Jesús quiso conocerte a expensas de su propia vida? ¿Quién sino Jesús pagaría un precio tan elevado para amarte hasta la muerte y la resurrección a la vida más plena? Es verdad: el amor se mide por la disposición a sacrificarse, ¿y quién se sacrificó por amor a ti más que Aquel que dio su vida por ti?

Cuando alguien quiere conocerte con desesperación, deseas más de eso con desesperación. Jesús quiere conocer cada ápice de ti, de todas nosotras. Su amor por nosotras es ilimitado, amplio, profundo, hasta las alturas mismas del cielo.

Aquel cuya mente sabe cómo coreografiar todas las estrellas y planetas a través del escenario arremolinado del cielo dio su misma sangre para conocer tu vida toda, para ser el centro que sostiene tu vida.

Todos los millones de corderos sacrificados en el Antiguo Testamento que fueron la cubierta segura para vidas andrajosas y deslustradas durante milenios, todos, estaban apuntando a este Cordero. Todas las historias del Antiguo Testamento apuntaban a esta historia de amor. Todas las historias en este mundo son, en definitiva, un comentario acerca de la historia de la Palabra. Y todas las palabras en el mundo están, en definitiva, luchando contra esta Palabra. Cada una de las historias del mundo destroza o atesora esta Palabra y su historia.

La Palabra misma vive la historia que tú deberías haber vivido y muere la muerte que tu historia debería haber tenido. Todo para escribirte en la historia de amor cósmico para la cual fuiste hecha: la historia de su pasión, la historia de su amor sacrificándose por ti.

Hay una forma de entrar en esta historia que es mejor que todas las leyendas porque esta es la realidad literal.

Hay una forma de entrar en esta historia que es mejor que cualquier historia en una pantalla grande o portátil porque esta es la historia que viene y te salva.

El camino hacia esta historia no depende de algo que tengas que hacer, algo por lo cual debas esforzarte; el camino hacia la historia es contemplar el amor infinito de Dios.

El camino hacia esta historia es mirar el tierno rostro de Aquel que te ofrece su mano y te dice: «Yo soy la puerta». Aquel que luego abre de par en par su vida para darte su corazón y ser el camino hacia el reino de Dios y hacia la vida plena.

Esta es la peregrinación a todo lo que siempre quisiste venir a ver y experimentar en tu vida.

NOTAS PARA MI ALMA TRAS ESTA PEREGRINACIÓN AL CORAZÓN DE JESÚS:

¿QUIÉN SINO JESÚS

PAGARÍA UN PRECIO

TAN ELEVADO PARA

AMARTE HASTA

LA MUERTE Y

LA RESURRECCIÓN

A LA VIDA

MÁS PLENA?

SEDIENTAS DE DIOS

También habían sido invitados a la boda Jesús y sus discípulos. Cuando el vino se acabó, la madre de Jesús le dijo:

—Ya no tienen vino.

—Mujer, ¿eso qué tiene que ver conmigo? —respondió Jesús—. Todavía no ha llegado mi hora.

Su madre dijo a los sirvientes:

—Hagan lo que él les ordene.

Había allí seis tinajas de piedra, de las que usan los judíos en sus ceremonias de purificación. En cada una cabían unos cien litros.

Jesús dijo a los sirvientes:

—Llenen de agua las tinajas.

Y los sirvientes las llenaron hasta el borde.

—Ahora saquen un poco y llévenlo al encargado del banquete —dijo Jesús.

Así lo hicieron. El encargado del banquete probó el agua convertida en vino sin saber de dónde había salido, aunque sí lo sabían los sirvientes que habían sacado el agua. Entonces llamó aparte al novio y le dijo:

—Todos sirven primero el mejor vino y, cuando los invitados ya han bebido mucho, entonces sirven el más barato; pero tú has guardado el mejor vino hasta ahora.

JUAN 2:2-10

Día 5: *«Hagan lo que él les ordene». Juan 2:5*

ESTE FUE EL COMIENZO de la revolución que cambió la forma en que gira este viejo mundo.

Este fue el primer milagro literal de Dios con piel.

Este es el momento en que Dios comienza la revolución: toma la copa llena de todas las lágrimas y dolores que nos oprimen.

El hecho de que Jesús, en un banquete de bodas, usara las tinajas de piedra llenas de entre setenta y cinco y ciento trece litros de agua clara y convirtiera hasta la última gota en copas exuberantes de los licores más dulces fue la primera sensación extraña de que algo de otro mundo había invadido este mundo.

Este primer milagro en realidad cumplió la profecía. ¿No habían profetizado los profetas de la antigüedad que el correr del vino sería el comienzo de la revolución para enjugar toda lágrima que corría por las mejillas? «Sobre este monte el SEÑOR de los Ejércitos preparará para todos los pueblos un banquete de manjares especiales. Un banquete de vinos añejos, las mejores carnes y vinos selectos. Sobre este monte rasgará el velo que cubre a todos los pueblos, el manto que envuelve a todas las naciones. Devorará a la muerte para siempre. El SEÑOR y Dios enjugará las lágrimas de todo rostro y quitará de toda la tierra la deshonra de su pueblo. El SEÑOR mismo lo ha dicho» (Isaías 25:6-8).

Aunque nuestras lágrimas corran, el vino de la nueva era ya comenzó a correr.

Este primer milagro fue, nada más y nada menos, que una parábola formativa.

Aunque Jesús era un invitado en aquella boda, la boda que estaba viendo era su boda con nosotros que somos su iglesia. No se trataba solo de una boda en Caná y de la cena de bodas de dos jóvenes judíos. Se trataba de la boda de Jesucristo mismo y de la cena de bodas del Cordero. Esta boda en Caná fue, en realidad, una parábola *de la boda de Cristo* con su novia: la iglesia.

El asombro comienza en la boda.

En todo el Evangelio de Juan la madre de Jesús entra en la historia solo dos veces. Primero aquí, en el primer milagro de convertir el agua en vino en las bodas. Luego, en la cruz, en el milagro de convertir a los pecadores en santos. María no le dijo a Jesús lo que tenía que hacer; ella solo vino a contarle lo que ya había sucedido. María confió la necesidad a Jesús y confió en que Jesús obraría cualquier milagro que hiciera falta.

Cuando nos estamos quedando sin esperanza, no le decimos a Jesús cómo gobernar el mundo, simplemente, corremos hacia él.

Déjale el asunto a Jesús, él ha demostrado que puede cambiar la esencia del agua. Jesús usa cualquier debacle para hacer un milagro.

Cuando María le dijo que el vino se había acabado, Jesús le respondió que la hora de su muerte aún no había llegado, porque lo que Jesús sabía era esto: el precio que pagaría por el vino que servirían en su boda a su novia —a nosotros, la iglesia— era su propia vida.

Las tinajas que contenían el agua que él convertiría en vino no eran tinajas comunes. Eran las tinajas de piedra de la limpieza ceremonial que contenían el agua con la que cada judío se lavaba antes de entrar al templo y a la presencia de Dios[1]. Jesús convirtió el agua purificadora en vino. Solo su sangre puede purificar nuestra alma.

La única manera de abrazarnos a nosotras, su novia, es que su misma sangre llene la copa de la comunión. La única manera de unirse con su novia es dar su propia vida. El Cordero inmolado desde antes de la funda ción del mundo se entregó a sí mismo para estar unido contigo, su novia, por completo. Desde el principio, la pasión de Dios nunca quiso ser solo tolerante con nosotras, ni siquiera simplemente hacerse amiga de nosotras; Dios siempre tuvo la intención de estar *comprometido con nosotras.*

El propósito de la expiación siempre fue la «unificación». Dios siempre quiso más que perdonarnos nuestros pecados; siempre quiso *dársenos a sí mismo*. La pasión de Dios siempre quiso algo más que solo estar con nosotras; siempre tuvo la intención de casarse con nosotras.

Esta es la razón por la cual en las bodas de Caná la pasión de Dios obró el primer milagro de Jesús convirtiendo el agua en vino. A partir de ese momento el verdadero milagro comenzó a revelarse: Jesús se volvería hacia la cruz del Calvario para amarnos hasta la muerte y llevarnos a la vida verdadera, la unión con él.

Cuando Jesús llevó la copa del vino de celebración a sus labios, lo que probó fue más que el jugo de la vid. A medida que el vino se deslizaba por su garganta Jesús probó la copa de su propio sufrimiento. En el huerto de Getsemaní, Jesús suplicaba: «Padre mío, si es posible, no me hagas beber este trago amargo», pero sabía que jamás dejaría de beberlo, a causa de su amor por ti. La única manera en que puede casarse con nosotras es pasar por el infierno por nosotras. ¿Quién te amó así alguna vez? Jesús tomó esa copa de sufrimiento porque estaba comprometido a ir al infierno y a regresar para tomarte para sí mismo.

Podemos probar el verdadero gozo solo porque Jesús probó el peor dolor.

Bebe el dulce alivio de esa verdad y prueba cuán bueno es el Señor, quien probó todo lo peor para estar con nosotras (Salmo 34:8).

Puedes sentarte con la cabeza en alto y decir que crees en la bondad de Dios, pero eso no es de ninguna manera lo mismo que haber probado y saboreado la gracia milagrosa de un Dios que bebió la escoria de tu peor pesadilla para que puedas despertar a vivir plenamente amada.

«Hay una diferencia entre creer que Dios es santo y misericordioso y tener un nuevo sentido en el corazón de la hermosura y la belleza de esa santidad y gracia —escribe Jonathan Edwards en *A Divine and Supernatural Light* (Una luz divina y sobrenatural)—. La diferencia entre creer que Dios es misericordioso y probar que Dios es misericordioso es tan grande como tener una creencia racional de que la miel es dulce y tener el sentido real de su dulzura»[2]. Hay una diferencia entre creer que el chocolate sabe bien por lo que lees en un libro de texto y probar el cremoso bocado que se derrite en tus labios desesperados, cuando sientes que estuviste muriendo de hambre lentamente durante meses.

Explicar a Dios no es lo mismo que *experimentar* a Dios; como no es lo mismo creer que Dios es real y en verdad saborear el socorro de Dios. Anhelarás más de lo que sea que hayas bebido como socorro, porque en lo que anhelas está tu alma.

Si no estás sedienta de Dios, la pregunta para el alma es: *¿De qué estás tan mortalmente ebria que te está destruyendo engañosamente?* ¿O te estás deshidratando peligrosamente de modo que te estás marchitando de manera lenta pero sin duda hasta la muerte? Si no estás sedienta de Dios, ¿cuándo fue la última vez que te quedaste quieta el tiempo suficiente para en verdad saborear la riqueza de su amor por ti? Nunca podrás saborear algo de lo cual no estés lo suficientemente cerca.

«Porque en este mundo Dios nos bendice de tal manera que apenas nos hace probar su bondad y con ese gusto nos seduce a desear bendiciones celestiales con las que podamos estar satisfechos», escribe Juan Calvino[3].

Jesús es el vino más rico para el alma.

Conocer a Jesús de esta forma es más que estar de acuerdo con algún tratado lógico para impresionar a Dios. Conocer a Jesús significa venir a un banquete de amor para *casarse con* Dios.

El asombro comienza en una boda. Cuando las arenas del tiempo se agoten para siempre, el novio tomará tu mano en la cena de bodas del Cordero.

Ya puedes comenzar a sentirlo: cuando te estás quedando sin recursos es justo cuando debes correr a Jesús con tus necesidades.

Cuando tienes necesidades, Jesús sale a tu encuentro con un brazo más largo, un amor más amplio, una provisión más abundante.

Al igual que los siervos de las bodas de Caná participaron en el milagro vertiendo el agua purificadora en las tinajas de piedra, así cada una de nosotras, como siervas de Jesús que derramamos nuestro corazón por voluntad propia en su corazón purificador, podemos ser partícipes del milagro de nuestra propia transformación.

Así como el novio dejó la casa de su padre para venir por su novia, Cristo dejó la casa de su Padre para venir por su novia: *tú*.

Su peregrinación de amor hacia ti es lo que te mueve a una peregrinación de amor hacia él y hacia su corazón infinito de amor por ti, el cual contiene la vida integral.

NOTAS PARA MI ALMA TRAS ESTA PEREGRINACIÓN AL CORAZÓN DE JESÚS:

JESÚS VOLTEA LAS MESAS

Cuando se aproximaba la Pascua de los judíos, Jesús subió a Jerusalén. Y en el Templo halló a los que vendían bueyes, ovejas y palomas, y también a otros que, instalados en sus mesas, cambiaban dinero. Entonces, haciendo un látigo de cuerdas echó a todos del Templo, juntamente con sus ovejas y sus bueyes; regó por el suelo las monedas de los que cambiaban dinero y derribó sus mesas. A los que vendían las palomas les dijo:

—¡Saquen esto de aquí! ¡No conviertan la casa de mi Padre en un mercado!

Sus discípulos se acordaron de que está escrito: «El celo por tu casa me consumirá». Entonces los judíos reaccionaron, preguntándole:

—¿Qué señal puedes mostrarnos para actuar de esta manera?

—Destruyan este templo —respondió Jesús—, y lo levantaré de nuevo en tres días.

Ellos respondieron:

—Tardaron cuarenta y seis años en construir este Templo, ¿y tú vas a levantarlo en tres días?

Pero el templo al que se refería era su propio cuerpo. Así, pues, cuando se levantó de entre los muertos, sus discípulos se acordaron de lo que había dicho, y creyeron en la Escritura y en las palabras de Jesús.

Mientras estaba en Jerusalén, durante la fiesta de la Pascua, muchos creyeron en su nombre al ver las señales que hacía. En cambio, Jesús no

Día *6: «¡No conviertan la casa de mi Padre en un mercado!». Juan 2:16*

confiaba en ellos porque los conocía a todos; no necesitaba que nadie le informara acerca de los demás, pues él conocía el interior del ser humano.

JUAN 2:13-25

JESÚS ESPERA NO QUE cumplas una regulación barata por él, sino que mantengas una devoción sincera hacia él, pues solo su amor es lo que te sostiene en todas tus circunstancias.

La Pascua estaba a la vuelta de la esquina. Jesús sabe lo que había en el corazón de los seres humanos. La Pascua —o *Pascha* como la llamaba el pueblo judío durante la época de Jesús— es la época del año en la que el pueblo de Dios recordaba que en Egipto los marcos de las puertas estuvieron pintados con la sangre escarlata de los corderos para que el espectro aterrador del ángel de la muerte pasara por alto a la familia que se encontraba acurrucada allí y tuvieran la esperanza de vivir otro día.

Juan, el discípulo a quien Jesús amaba, escribe acerca de tres Pascuas en su Evangelio. Esta es la primera. De Caná a Capernaúm y de allí a Jerusalén, en la Pascua, Jesús pasó de su primer milagro que fue transformar el agua purificadora en vino alrededor de las mesas de bodas, a voltear las mesas con el propósito de purificar el templo.

Sigue siendo cierto en este mismo momento: Jesús trae vino y celebración a tu mesa, y volteará las mesas para traerte plenitud y santificación.

Los cambistas trastornaron el lugar de comunión íntima de Dios con su pueblo, y lo que Dios más quiere es tener comunión íntima con su pueblo. Así que Jesús tiene derecho a voltear las mesas en el templo para hacer volver el corazón de su pueblo al Amante de su alma. Además, Jesús tiene derecho a voltear las mesas porque todo este mundo gira sobre el eje de sus palabras.

Dios usará todo lo que sea necesario para expulsar toda perversión de modo que puedas entrar a la vida en su presencia. Dios echa a los cambistas de su casa porque desea que su propia casa sea un lugar de tierno intercambio con los suyos.

En las bodas de Caná, Jesús había dicho: «Todavía no ha llegado mi hora». Y, en aquel instante, María pronunció palabras que son eternas: «Hagan lo que él les ordene». Estamos diseñadas para encarnar lo que sea que la Palabra diga.

Tenemos albedrío, pero solo Jesús tiene soberanía.

En el templo, Jesús les dijo: «¡Saquen esto de aquí! ¡No conviertan la casa de mi Padre en un mercado!».

Tenemos albedrío, pero solo Jesús tiene *autoridad.*

Jesús tiene la autoridad para levantar y agitar el látigo con las manos, manos que tienen cicatrices, manos sobre las cuales lleva grabada la forma de nuestros propios nombres. Ese látigo formado por cuerdas estaba, literalmente, según el idioma griego original, hecho de cañas. La Palabra sostenía un látigo hecho no de cuero punzante, sino de las cañas de papiro, las cuales se usan para hacer papel.

Así como prometió que no quebraría una caña cascada, Jesús nunca sostuvo un látigo que hiciera daño (Isaías 42:3). Jesús sostiene un látigo que afirma quién es él en verdad: la Palabra. Este no es un látigo que lastima en lo profundo. Este es un látigo que purifica en lo profundo. Este no es un látigo que expulsa a nadie por causa de una lesión. Este es un látigo que hace que las personas avancen debido a una epifanía.

Y la epifanía del pueblo fue que la gloria del Cordero tiene toda autoridad.

No fue el poder del látigo de caña de Jesús lo que obligó a obedecer, sino el poder de la verdadera pasión de Jesús por su pueblo. Nadie que se encuentre en la presencia y la pasión verdaderas de Jesús tiene el derecho a exigir respuestas, porque su presencia y su pasión exigen nada menos que una verdadera obediencia.

Es saludable preguntarle a nuestra alma: si solo obedeces a Dios cuando entiendes, ¿en realidad estás con Dios? Si solo sigues a Dios cuando te da una razón lo suficientemente buena, ¿es Dios en realidad lo suficientemente bueno para ti?

¿Es posible que a veces amemos a Dios solo para aprovecharnos de él para nuestro beneficio y no por su presencia?

¿Y sería Dios en verdad digno de que estemos con él si siempre pudiéramos entenderlo por completo?

¿Es posible que no estemos usando todo en nuestra vida como una forma de acercarnos a Dios, sino que en realidad estemos usando a Dios para acercarnos a todas las cosas que queremos en la vida?

¿Y si la única razón que necesitas para todo lo que sucedió es que él es Dios y que está convirtiendo todas las cosas imposibles en algo mejor de lo que puedas imaginar?

Si en ocasiones en secreto albergamos furia contra Dios por no mover el mundo de la manera que queremos, ha de ser digno de nuestro asombro porque se está moviendo de maneras que superan lo que podemos entender. *Entonces, es infinitamente digno de que nos acerquemos más a él.*

¿Qué pasaría si la única razón que alguna vez necesitaste, en medio de todo lo que sucede, es saber quién es él? Dios no le mostró a Job las respuestas a sus preguntas, sino que le mostró a Job la única respuesta verdadera a todas nuestras búsquedas (Job 38–42). Una vez que en realidad sabes quién es Dios, sabes todo lo que en realidad necesitas saber.

Jesús vuelca nuestras mesas y puede que eso nos trastorne. Pero él es digno de voltearlo todo porque al final traerá orden a todas las cosas. Aquel que llena nuestras mesas de vino para llenarnos de gozo también puede voltear las mesas con un giro divino con el propósito de limpiarnos de todo lo que nos aleja de él y, luego, llenarnos con más de sí mismo.

Si Jesús está volteando tus mesas, puedes confiar en él lo suficiente como para volverte y decir: *Tienes la autoridad para hacer esto porque tu gran gloria y mi bien definitivo son tus mayores prioridades.*

En medio de nuestro mundo que cambia y nuestras mesas que cambian y nuestro propio corazón que cambia, nuestro corazón sabe, como todos los seguidores de Dios en el Antiguo Testamento lo sabían, que la única manera de acercarse a Dios es presentándose con un sacrificio. Pero nuestro corazón trata de evitar el sacrificio; por eso quizás tratamos de bajar el costo y evitar la inconveniencia del sacrificio. Pero ¿por qué traer a Dios un sacrificio barato que no es sacrificio en lo más mínimo, un sacrificio falso que cuesta poco o nada, cuando el corazón de Jesús que palpita de amor por ti lo llevó a hacer todo? Jesús mismo nunca pudo apartarse de la cruz por la que vino; y el Cordero que vino a dar su vida por amor volteó las mesas para cambiar corazones para que pudiéramos preguntar a nuestro propio corazón: *¿Cómo puedes cumplir con los ritos de ser cubierto por el sacrificio del Cordero y no ser movido por un amor mucho más profundo por él?* ¿Pueden los hijos de Dios saborear lo que costó el sacrificio de Dios?

Esto es todo. La clave para vivir apasionadamente por Dios es seguir recordando la pasión de Dios.

Cuando sigues sosteniendo en tu mente que él te amó hasta la muerte y la resurrección a la vida más plena, tienes la clave para saber cómo vivir y amar hasta tu último aliento. Cuando el sacrificio apasionado de Cristo está siempre delante de ti, ¿cómo no amarlo apasionadamente con un amor que esté dispuesto a sacrificarse?

Ahora es el momento en que sentimos que todo gira; es el momento en que sentimos que Jesús mismo está volcando todas las apariencias endebles, desechando toda distracción sutil, volteando toda fe barata y fácil, clausurando todos los caminos anchos que conducen a pozos decepcionantes, limpiando el corazón de amores menores.

Jesús desborda tu mesa con vino y bondad, y vuelca tus mesas para que te dediques a la oración y a la fidelidad. Es impulsado a hacer ambas cosas debido a su pasión arrolladora por ti.

Cada peregrinación hacia la vida plena sigue dirigiéndose hacia el Amor mismo.

NOTAS PARA MI ALMA TRAS ESTA PEREGRINACIÓN AL CORAZÓN DE JESÚS:

UN ALMA RECIÉN NACIDA

Había entre los fariseos un dirigente de los judíos llamado Nicodemo. Este fue de noche a visitar a Jesús.

—Rabí —le dijo—, sabemos que eres un maestro que ha venido de parte de Dios, porque nadie podría hacer las señales que tú haces si Dios no estuviera con él.

—Te aseguro que quien no nazca de nuevo no puede ver el reino de Dios —dijo Jesús.

—¿Cómo puede uno nacer de nuevo siendo ya viejo? —preguntó Nicodemo—. ¿Acaso puede entrar por segunda vez en el vientre de su madre y volver a nacer?

—Te aseguro que quien no nazca de agua y del Espíritu no puede entrar en el reino de Dios —respondió Jesús—. Lo que nace del cuerpo es cuerpo; lo que nace del Espíritu es espíritu. No te sorprendas de que haya dicho: "Tienen que nacer de nuevo". El viento sopla por donde quiere y oyes su sonido, aunque ignoras de dónde viene y a dónde va. Lo mismo pasa con todo el que nace del Espíritu.

Nicodemo respondió:

—¿Cómo es posible que esto suceda?

—Tú eres maestro de Israel, ¿y no entiendes estas cosas? —respondió Jesús—. Te aseguro que hablamos de lo que sabemos y damos testimonio de lo que hemos visto, pero ustedes no aceptan nuestro testimonio. Si he

Día *7: «"Te aseguro que quien no nazca de nuevo no puede ver el reino de Dios", dijo Jesús». Juan 3:3*

hablado de las cosas terrenales y no creen, ¿cómo van a creer si les hablo de las celestiales? Nadie ha subido jamás al cielo sino el que descendió del cielo, el Hijo del hombre.

Como levantó Moisés la serpiente en el desierto, así también tiene que ser levantado el Hijo del hombre, para que todo el que cree en él tenga vida eterna.

JUAN 3:1-15

EN UN MUNDO DIFÍCIL que nos lleva una y otra vez por desvíos que atraviesan desiertos, la única manera de seguir dando un paso adelante en esta peregrinación hacia la vida plena es nacer de nuevo.

Este es un misterio cósmico que salió de los labios de Jesús mismo: quienes nacen de nuevo tienen esperanza, se levantan, comienzan de nuevo y nunca vuelven a ser los mismos.

Cuando tu alma confía en que Jesús es todo lo que su amor demuestra que es, ese es el momento en que eres liberada y en realidad naces a la vida verdadera. Cuando el Espíritu Santo —que se mueve como el misterio del viento y del agua— entra en el santuario de tu alma, tu alma nace de nuevo. Cuando el Espíritu Santo entra en el santuario de tu alma, tu alma respira en la santa presencia de Dios mismo.

Esto es tan santo como el día en que cualquier alma recién nacida respira por primera vez el aire de esta tierra.

Quienes nacen de nuevo reciben un nuevo corazón y una nueva mente; nuevos ojos y nuevos oídos; nuevas manos y nuevos pies, y una nueva forma de ser en un mundo arruinado. Renacidos como ciudadanos de un nuevo reino. Esto no es poca cosa: ¡los nacidos de nuevo pueden caminar en novedad de vida hasta su último día de vida aquí, en la Tierra!

«Por lo tanto, si alguno está en Cristo, es una nueva creación. ¡Lo viejo ha pasado, ha llegado ya lo nuevo!» (2 Corintios 5:17). Vengan y prueben y verán: Jesús no vino para que nos esforzáramos más. Jesús vino para que *naciéramos de nuevo*.

¿La galaxia de estrellas que nació de las palabras de su boca también lo sabe? El único tipo de cristiano que hubo siempre, que es y siempre será, es el cristiano nacido de nuevo. Los cristianos nacidos de nuevo no son una categoría particular del cristianismo; así como estar «completamente embarazada» no es una categoría particular de embarazo. No hay otra manera de ser un verdadero cristiano. Si quieres ser una verdadera cristiana, debes nacer de nuevo. Esto es lo que Jesús estableció, no una ni dos, sino tres veces. Este camino de renacimiento siempre fue la única manera de estar en *el Camino*.

«Entonces comprendí que la justicia de Dios es la justicia mediante la cual Dios nos justifica por medio de la gracia y la misericordia puras a través de la fe. [...] Sentí que había renacido y que había pasado por las puertas abiertas al paraíso», así es como el preeminente teólogo Martín Lutero describió su profunda experiencia de renacimiento[1].

Cuando te das cuenta de que eres un alma muerta que camina, no descartas nacer de nuevo como algo ridículo, porque nacer de nuevo es tu única esperanza. Este es el misterio del renacimiento: una reconfiguración sobrenatural de todas las cosas interiores; una renovación interior sagrada y milagrosa; Dios rehaciendo nuestro ADN para que el amor divino mismo esté en nuestros genes.

Nicodemo solo había venido en busca de un nuevo maestro, no de un nuevo nacimiento. Pero no hay ningún tipo de aprendizaje que pueda resucitar cadáveres en cenizas. Jesús no vino simplemente a informarnos, sino que vino a transformarnos por completo. Cuando estás bien muerta, no necesitas más aprendizaje; lo que necesitas es la nueva vida que se encuentra en aquel que vino a ser la puerta a tu renacimiento.

¿Por qué querríamos un instructor de autoayuda cuando Jesús quiere intimidad desinteresada? Él sabe que nuestra alma necesita más que un plan barato de cinco puntos con una garantía de devolución de dinero si no estás completamente satisfecha en treinta días. Nuestra alma necesita a alguien que garantice prestar atención sin cesar a los anhelos más profundos de nuestro corazón y, luego, pague el precio con el único sacrificio suficiente para hacernos nacer en una familia de amor. Cuando los fluidos amnióticos cósmicos del Espíritu se mueven en nosotras y somos movidas a nacer de nuevo, el amor divino se convierte en parte de lo que somos en realidad. Solo el misterio de renacer en la familia del amor puede transformar nuestra alma y traernos a la vida.

¿Cómo sabe un alma si ha nacido de nuevo genuina y misteriosamente?

«En realidad, no se trata de si la persona tuvo o no convicción de pecado. Las personas pueden tener convicción de pecado y nunca ser regeneradas —escribió Jonathan Edwards—. No se trata de si la conversión es rápida. Los oyentes que representan al suelo pedregoso reciben la Palabra de inmediato. No se trata de si cuando las personas profesan estar convertidas tienen fenómenos físicos, tiemblan o lloran. No [...]. No es ninguna de estas cosas. La verdadera evidencia de la conversión es la presencia de la regeneración, y la regeneración es un cambio de la naturaleza: una nueva vida»[2]. Lo que Jonathan Edwards propone a fin de cuentas es que un verdadero seguidor de Cristo es nada menos que «una nueva criatura, es como si no fuera el mismo, sino que hubiera nacido de nuevo, creado por segunda vez»[3].

Como una bebé recién nacida sigue buscando el rostro que la busca, así cada alma sabe que ha renacido cuando, en un mundo de distracciones, sigue mirando hacia el Padre, buscando la sonrisa del Padre, encontrando la sonrisa del Padre con deleite incontenible. Nuestro hogar está en sus ojos.

Al igual que la prioridad primordial de una recién nacida, momento a momento, es apegarse a quien la cuida porque sabe que depende de quien la cuida para todo lo que la mantendrá viva en verdad, sabes que renaces cuando tu prioridad primordial es seguir volviéndote hacia tu Abba Padre, buscando de él lo que te mantendrá viva. Sabes que renaces cuando sigues tratando de apegarte a tu Padre, mirando hacia donde él mira en el mundo, hablando como él habla, imitando lo que él hace.

La vida en Cristo no radica en una reforma moral para Cristo; la vida en Cristo se trata de *una regeneración* total a través de Cristo.

El Espíritu Santo agita las aguas de nuestra alma con nueva vida. La nueva fe no es autogenerada, sino que es generada por el Espíritu. «El que no tiene el Espíritu no acepta lo que procede del Espíritu de Dios, pues para él es locura. No puede entenderlo, porque hay que discernirlo espiritualmente», afirma 1 Corintios 2:14.

La vida en Cristo simplemente no es factible, en realidad, es imposible a menos que Cristo le dé vida a una persona muerta, una nueva vida; *su* vida.

Así como ninguna persona controló nunca cómo o cuándo nacer, ninguna persona controla cómo nacer de nuevo; nacer de nuevo es una obra solo de Dios.

La vida espiritual es un producto del Espíritu Santo, no del esfuerzo.

Está sucediendo ahora mismo aquí en esta sagrada peregrinación: el Espíritu Santo moviéndose sobre la superficie de tu alma, agitándose dentro de ti, entregándote a una vida nueva.

NOTAS PARA MI ALMA TRAS ESTA PEREGRINACIÓN AL CORAZÓN DE JESÚS:

ALMA RESECA

En eso, una mujer de Samaria llegó a sacar agua y Jesús le dijo:

—Dame un poco de agua.

Sus discípulos habían ido al pueblo a comprar comida.

Entonces, como los judíos no se relacionaban con los samaritanos, la mujer respondió:

—¿Cómo se te ocurre pedirme agua, si tú eres judío y yo soy samaritana?

Jesús contestó:

—Si supieras lo que Dios puede dar y conocieras al que te está pidiendo agua —contestó Jesús—, tú le habrías pedido a él y él te habría dado agua viva.

La mujer dijo:

—Señor, ni siquiera tienes con qué sacar agua y el pozo es muy hondo; ¿de dónde, pues, vas a sacar esa agua viva? ¿Acaso eres tú superior a nuestro padre Jacob que nos dejó este pozo, del cual bebieron él, sus hijos y su ganado?

—Todo el que beba de esta agua volverá a tener sed —respondió Jesús—, pero el que beba del agua que yo le daré no volverá a tener sed jamás, sino que dentro de él esa agua se convertirá en un manantial del que brotará vida eterna.

—Señor —dijo la mujer—, dame de esa agua para que no vuelva a tener sed ni siga viniendo aquí a sacarla.

Día 8: *«Dame un poco de agua»*. *Juan 4:7*

—Ve a llamar a tu esposo y vuelve acá —dijo Jesús.

—No tengo esposo —respondió ella.

Jesús le dijo:

—Bien has dicho que no tienes esposo. Es cierto que has tenido cinco y el que ahora tienes no es tu esposo. En esto has dicho la verdad.

La mujer dijo:

—Señor, me doy cuenta de que tú eres profeta. Nuestros antepasados adoraron en este monte, pero ustedes los judíos dicen que el lugar donde debemos adorar está en Jerusalén.

Jesús contestó:

—Créeme, mujer, que se acerca la hora en que ni en este monte ni en Jerusalén adorarán ustedes al Padre. Ahora ustedes adoran lo que no conocen; nosotros adoramos lo que conocemos, porque la salvación proviene de los judíos. Pero se acerca la hora, y ha llegado ya, en que los verdaderos adoradores rendirán culto al Padre en espíritu y en verdad, porque así quiere el Padre que sean los que le adoren. Dios es espíritu y quienes lo adoran deben hacerlo en espíritu y en verdad.

—Sé que viene el Mesías, al que llaman el Cristo —respondió la mujer—. Cuando él venga nos explicará todas las cosas.

—Ese soy yo, el que habla contigo —le dijo Jesús.

JUAN 4:7-26

TODAS LAS DEMÁS pasiones te dejan sedienta.

Tienes sed de comodidad, de emoción, de algo nuevo, de verdadera libertad, de belleza, de plenitud, de *shalom*. Pero los otros cinco amantes, las otras diez pasiones, los otros mil intereses, todos los amores menores, te dejan con ganas de tener más.

Nuestra alma conoce bien a esta mujer del pozo.

De hecho, puedes sentir esa dolorosa sed interminable; ese anhelo silencioso de una fuente que deshaga todas las tristezas que conociste; ese anhelo de aguas que sacien un millón de oraciones secas y agrietadas; esa sed de beber lo que por fin te dejará completamente satisfecha. Conoces el deseo de al fin ser saciada en todos los sentidos, el deseo de no volver a tener sed.

Y, sin embargo, ¿quién puede dar testimonio de esto?

Tu sed de vida verdadera puede llevarte a beber todo tipo de venenos que arruinan tu única vida. «El cristiano dice: "Las criaturas no nacen con deseos, a menos que exista la satisfacción de esos deseos" —escribe C. S. Lewis—. Un bebé siente hambre: bueno, existe la comida. Un patito quiere nadar: bueno, existe el agua. Los hombres sienten deseo sexual: bueno, existe el sexo. Si encuentro en mí un deseo que ninguna experiencia en este mundo puede satisfacer, la explicación más probable es que fui hecho para otro mundo. Si ninguno de mis placeres terrenales lo satisface, eso no prueba que el universo sea un fraude. Es probable que los placeres terrenales jamás hayan estado destinados a satisfacerlo, sino solo a despertarlo, a sugerir lo verdadero. Si eso es así, debo tener cuidado, por un lado, de no despreciar nunca estas bendiciones terrenales ni ser desagradecido por ellas y, por el otro, de no confundirlas nunca con otra cosa de la que no son más que una especie de copia, eco o espejismo. Debo mantener vivo en mí el deseo de mi verdadera patria, que no encontraré hasta después de la muerte. [...] Debo hacer que el objetivo principal de la vida sea seguir adelante hacia ese otro país y ayudar a otros a hacer lo mismo»[1].

Todo lo que estás buscando, aquello por lo que estás hambrienta, reseca, sedienta, solo lo puedes saborear cuando bebes el Amor divino hasta el centro de tu ser.

Toda sed es sed de amor.

A menos que los anhelos profundos de un alma sean sumergidos en el pozo de su amor interminable, esa alma nunca estará ni satisfecha ni sana por completo.

¿Quién ha recibido alguna vez de su padre o de su madre, o de cualquier otra relación, todo el amor que anhelaba? Porque todo el amor que estamos buscando se encuentra solo en las cámaras internas del Amor mismo. ¿Qué amor sino solo el Amor es siempre envolvente, acepta por completo, abarca en lo profundo, es perfectamente receptivo?

Tu alma en realidad nunca está sedienta por algo, sino por Alguien; alguien que saciará tu sed por toda la eternidad. Estás hecha para algo más que las cosas de esta tierra; estás hecha para *más* gloria y ni siquiera lo peor de ti te descalifica para ser hecha para la gloria. Esta es la historia que Jesús te sigue susurrando.

«Si supieras lo que Dios puede dar —le dijo Jesús, mirándola a los ojos—, y conocieras al que te está pidiendo agua, tú le habrías pedido a él, y él te habría dado agua viva».

Todo lo que tienes que hacer es abrir los ojos, la boca, el corazón; esto no es difícil. (Y, paradójicamente, puede ser a la misma vez lo más difícil).

Pero de verdad: no tendrás que caminar en busca de agua, no tendrás que cavar tu propio pozo, no tendrás que seguir llenando cisternas rotas que gotean sin cesar, no tendrás sed nunca más. Todo estará bien porque el único pozo de agua genuina es un generoso regalo de Dios.

Absorbe el alivio de tu salvación y entiende que Jesús le habla directamente a tu fragilidad, así como le habló directamente a la mujer samaritana ignorada y menospreciada. Mientras que algunos fariseos en la calle eran llamados «los fariseos magullados» porque preferían cerrar los ojos y lastimarse las rodillas al chocar contra las paredes antes que poner accidentalmente sus ojos en cualquier mujer, Jesús fue el rabino que miró a esta mujer herida a los ojos[2]. Jesús fue el rabino que miró a esta mujer magullada y derribando las paredes le dijo: «Nadie está tan arruinado como para no beber la gracia de Dios directamente».

Bebe el regalo de Dios.

No tienes que ganarte el agua ni ser lo suficientemente buena para el agua ni esforzarte por el agua ni cavar en busca del agua ni clamar al frente de alguna línea ni ser la mejor para conseguir el agua.

La gracia de Dios es simplemente un regalo, no una medalla.

La gracia de Dios no se trata de dónde te ubicas en la vida, sino de cómo recibes *su vida*.

La gracia de Dios no es algo que ganas trabajando. Es simplemente el agua que eliges beber. «Señor —dijo la mujer—, dame de esa agua para que no vuelva a tener sed ni siga viniendo aquí a sacarla»; nuestra oración hace eco de su oración.

Dios, en la persona de Cristo, quien colgó las estrellas, se colgó por voluntad propia de la cruz y murmuró las palabras: «Dios mío, Dios mío, ¿por qué me has abandonado?»; palabras antiguas del Salmo 22 que estudió y había memorizado, y sabía que resonaban en cada corazón humano. Con esos mismos labios resecos y agrietados, el Amor divino, el mismo

Dios trino, jadeaba: «Tengo sed». No porque el Dios trino necesitara agua terrenal, sino porque sentía que estábamos resecos por la distancia que separa a nuestra alma de nuestro Padre celestial.

Y clavado en esa cruz conocía el resto de ese mismo Salmo 22: «Como agua he sido derramado; [...] la lengua se me pega al paladar. Me has hundido en el polvo de la muerte».

Jesús tuvo sed mientras él mismo era derramado como agua en la cruz para que cada alma pudiera beber del agua viva y no volviera a tener sed por el resto de su vida: «Al que tenga sed, le daré a beber gratuitamente de la fuente del agua de la vida» (Apocalipsis 21:6).

Admite libremente que tienes sed y bebe libremente. Tu sed es el único requisito que necesitas para ser saciada. «Le daré a beber gratuitamente de la fuente del agua de la vida» (Apocalipsis 21:6).

Tu cuerpo, el cual sostiene tu alma en este momento, está compuesto de un 60% de agua; casi tres cuartas partes del cerebro y el corazón están compuestos de agua; los pulmones respiran aire que es más del 80% agua; incluso el más fuerte de los huesos que te sostiene es casi un tercio de agua. Hechas de agua, anhelamos el agua. Así como el cuerpo físico necesita agua para vivir, el alma necesita agua viva. De lo contrario, somos muertos vivientes. Dentro de nuestro cuerpo hecho de agua, nuestra alma anhela la verdadera agua viva o muere de sed. Y porque el alma necesita agua espiritual, y Cristo es agua viva, el camino de Cristo nunca es excluyente. El camino de Cristo es necesario porque el alma literalmente muere sin el Único que es agua viva.

Todos los demás sistemas de pensamiento en el mundo afirman mostrarte cómo encontrar el pozo de la alegría, pero solo Jesús afirma: «Yo soy el agua viva que brota de un pozo que fluye constantemente y que correrá por todo el mundo para encontrarte».

Bebe a Dios o te secarás. Nada más te satisfará.

NOTAS PARA MI ALMA TRAS ESTA PEREGRINACIÓN AL CORAZÓN DE JESÚS:

CORRE HACIA LA PALABRA

Después de esos dos días Jesús salió de allí rumbo a Galilea (pues, como él mismo había dicho, ningún profeta se le honra en su propia tierra). Cuando llegó a Galilea, fue bien recibido por los galileos, pues estos habían visto personalmente todo lo que había hecho en Jerusalén durante la fiesta de la Pascua, ya que ellos habían estado también allí.

Y volvió otra vez Jesús a Caná de Galilea, donde había convertido el agua en vino. Había allí un funcionario real, cuyo hijo estaba enfermo en Capernaúm. Cuando este hombre se enteró de que Jesús había llegado de Judea a Galilea, fue a su encuentro y le suplicó que bajara a sanar a su hijo, pues estaba a punto de morir.

—Ustedes nunca van a creer si no ven señales y prodigios —le dijo Jesús.

—Señor —rogó el funcionario—, baja antes de que se muera mi hijo.

—Vuelve a casa que tu hijo vive —dijo Jesús.

El hombre creyó lo que Jesús dijo y se fue. Cuando se dirigía a su casa, sus siervos salieron a su encuentro y le dieron la noticia de que su hijo estaba vivo. Cuando preguntó a qué hora había comenzado su hijo a sentirse mejor, contestaron:

—Ayer a la una de la tarde se le quitó la fiebre.

Entonces el padre se dio cuenta de que precisamente a esa hora Jesús le había dicho: "Tu hijo vive". Así que él y toda su familia creyeron.

JUAN 4:43-53

Día *9: «Señor —rogó el funcionario—, baja». Juan 4:49*

HAY UNA PALABRA en la que puedes descansar toda tu vida porque solo él te eleva a la vida verdadera y completa.

¿No es un dolor real y profundo que corramos hacia cualquier otra cosa que, en definitiva, no puede satisfacernos ni elevarnos a la vida?

En los últimos momentos agitados y de tormento de la vida de su hijo, un funcionario real no se quedó para sostenerle la mano, para sostener con consuelo los ojos aterrorizados de su hijo, para presenciar su último aliento, sino que se dio vuelta para correr una maratón de fe desesperada hacia el único que, a fin de cuentas, puede salvar; el único que en definitiva es Vida. Cuarenta kilómetros jadeando, hora tras hora de fe. Sus talones golpeaban la dura tierra, llevando su fe hacia el Único en quien podía confiar.

Cuando por fin se arrojó a los pies de Jesús, con los pulmones quemándole por la insensata carrera de fe, suplicó: «Baja».

Baja antes de que se muera mi hijo, *antes de que se muera mi fe.*

Derrama tu corazón a Jesús con esperanza y confía plenamente en que Jesús siempre hará algo. Aunque siempre de una manera profundamente diferente de la que esperarías.

Jesús no fue hacia el niño.

En cambio, miró al padre suplicante a los ojos y le dijo: «Ve. Vete, tu hijo vivirá. Ve, ten fe en mis palabras. Ve, apoya tu vida en mis palabras y confía en que se cumplirán».

Estamos desesperadas por que Jesús obre el milagro, solucione el problema, cambie la historia y resucite nuestras esperanzas muertas. Pero Jesús viene como la Palabra que nos resucita de entre los muertos y cambia nuestra *vida.* ¿Nos atrevemos a confiar en que la resurrección de las esperanzas, de la vida, de los sueños y de todo lo que buscamos desde el fondo de nuestro ser en realidad se encuentra en la Palabra de Dios? Y si lo hacemos, ¿por qué no correr hacia su Palabra primero?

El primer milagro de Jesús en Caná, el cual aceleró de manera instantánea el proceso de creación del vino, fue en parte un milagro de tiempo. Su segundo milagro en Caná, por otro lado, la curación del hijo, fue en su totalidad un milagro de confianza: el noble confiaba en que la Palabra de Dios era lo que más necesitaba y era suficiente. El padre no tomó a Jesús de la mano y lo llevó a donde estaba su hijo enfermo; simplemente, le tomó la Palabra a Dios.

Cuando con desesperación quieres que Dios obre un milagro, Dios asegura: «Mi Palabra viene a ti y mi Palabra siempre obra un milagro *dentro de ti*».

Puedes pensar que Dios está demasiado lejos para hacer su obra, pero la Palabra de Dios es mucho más catalítica de lo que puedes imaginar. Él se abre paso, sin importar lo que se interponga en el camino. Puedes pensar que de alguna manera necesitas la presencia visible de Dios para que haga alguna diferencia, pero la Palabra de Dios es su presencia, su promesa, su pasión, su poder. Su Palabra marca la diferencia milagrosa para quienes siguen acudiendo a la Palabra viva y activa para encontrar vida. Ya tienes a la persona de Cristo contigo en persona. Cuando vives en la Palabra, cuando vives en Cristo, *puedes vivir plenamente.*

Podemos buscar señales y prodigios, pero Dios nos da al Salvador y la Palabra. Dios quiere que lo busquemos, que busquemos a nuestra Palabra segura, por sobre todas las cosas.

Durante el largo camino de regreso a su hijo, el padre fue alimentado por las promcsas dc Dios a cada paso porquc la única mancra dc caminar valientemente por fe, y no por vista, es caminar con su Palabra, respirar en su Palabra, morar en su Palabra, apoyarse en su Palabra, permanecer en su Palabra, meditar en su Palabra. De modo que, todo lo que debes hacer es tomarle la Palabra a Dios.

Lo que Dios dice es lo que Dios hace.

Durante todo su peregrinaje, cada largo paso de fe de regreso a su hijo, el funcionario real se atrevió a confiar. La Palabra de Dios hace más que afectar tus sentimientos acerca de la vida; la Palabra de Dios efectúa un cambio radical en tu vida.

Tomarle la Palabra a Dios es toda la fe que se necesita para cambiar tu mundo. ¿Por qué dejar que otra cosa atrape tu atención y quite tu amor de una Palabra como esa?

Cualquiera que sea el camino en el que te encuentres, tu camino de fe está pavimentado con sus sólidas promesas: él nunca te dejará ni te abandonará (Hebreos 13:5), nunca permitirá que te separes de su amor (Romanos 8:31-39), refrescará tu vida con su amor (Sofonías 3:17).

Sea cual sea tu camino, tu realidad es que el amor siempre viene a tu encuentro. Así como el funcionario real que levantó la vista para ver a los sirvientes emocionados que venían a su encuentro. *¡El hijo vive!*

En el momento en que la Palabra de Dios irrumpió en el mundo, rompió toda duda y se convirtió en realidad; y la fiebre del niño se calmó.

Lo que Dios dice es lo que Dios hace.

Aunque quizás no sepamos cómo está obrando Dios, esto es lo que siempre podemos saber: en todos los caminos de Dios, él está obrando con amor. Es el amor incondicional de Dios hacia nosotros lo que hace posible todas las condiciones que nos rodean. Y, aunque la enfermedad del hijo rompió el corazón del padre, hizo que él corriera a Cristo, lo cual finalmente causó la salvación de toda su casa y la sanidad de su corazón. Esto no es poca cosa; es todo. Una enfermedad física profunda puede, de alguna manera, conducir a una curación profunda del alma. Una gran desesperación puede ser el regalo más grande. Es posible encontrarnos mucho más en deuda con los tiempos desesperados de lo que podríamos darnos cuenta, porque demasiado a menudo solo dirigimos los anhelos de nuestro corazón a Dios cuando todo lo demás no nos satisface.

La verdadera desesperación puede llevarnos al consuelo verdadero de Cristo.

Esta es una de las paradojas más tiernamente extrañas y amorosas del universo: Jesús actúa a través de la aflicción para traer un antídoto para lo que aflige el alma.

Cuando nuestro corazón herido se rompe, las escamas de nuestros ojos se caen y podemos ver con claridad que tuvimos una fe fuerte todo el tiempo... *solo que, tal vez, en cosas equivocadas*. Puede resultar que tuviéramos más fe en manos fuertes y espaldas anchas, en buena salud y buenas noticias, en buenas palabras de buenas personas y en una dosis extra de todo tipo de autosuficiencia, en lugar de en la Palabra de Dios y en su bondad. La aflicción puede revelar que teníamos más fe en la aprobación, las apariencias y el éxito que en Dios y su Palabra.

Esta es la manera de no perder el camino: pierde la fe en todas las cosas que son dioses falsos, pero no pierdas tu fe en los caminos amorosos y bondadosos de Dios. Ten menos fe en tu punto de vista limitado y más fe en la Palabra misma que tiene la perspectiva completa y eterna.

Puedes confiar a ciegas: el Dios cuyos ojos están puestos en los gorriones se encargará de revertir cada una de tus profundas penas por la eternidad.

Es por eso que puedes llevar a cabo tu peregrinación de fe con una confianza osada en la Palabra de Dios.

La Palabra precisa de Dios exige un cambio verdadero en el mundo. Por esto estamos llamadas a estar en la Palabra: *para que pueda cambiarnos efectivamente.*

Y por amor hacernos volver a la vida verdadera.

NOTAS PARA MI ALMA TRAS ESTA PEREGRINACIÓN AL CORAZÓN DE JESÚS:

SANAS

Había allí, junto a la puerta de las Ovejas, un estanque rodeado de cinco entradas, cuyo nombre en hebreo es Betzatá. En esas entradas se hallaban tendidos muchos enfermos, ciegos, cojos y paralíticos. [...] Entre ellos se encontraba un hombre que llevaba enfermo treinta y ocho años. Cuando Jesús lo vio tirado en el suelo y se enteró de que ya tenía mucho tiempo de estar así, le preguntó:

—¿Quieres quedar sano?

—Señor —respondió—, no tengo a nadie que me meta en el estanque mientras se agita el agua y, cuando trato de hacerlo, otro se mete antes.

—Levántate, recoge tu camilla y anda —le dijo Jesús.

Al instante aquel hombre quedó sano, así que tomó su camilla y echó a andar. Pero ese día era sábado. Por eso los judíos dijeron al que había sido sanado:

—Hoy es sábado; no te está permitido cargar tu camilla.

—El que me sanó me dijo: "Recoge tu camilla y anda" —les respondió.

—¿Quién es ese hombre que te dijo: "Recógela y anda"? —le preguntaron.

El que había sido sanado no tenía idea de quién era, porque Jesús se había escabullido entre la mucha gente que había en el lugar.

Día *10: «¿Quieres quedar sano?». Juan 5:6*

Después de esto Jesús lo encontró en el Templo y le dijo:

—Mira, ya has quedado sano. No vuelvas a pecar, no sea que te ocurra algo peor.

JUAN 5:2-14

PUEDES ESPERAR TODA tu vida que tus aguas turbulentas y tus heridas reales sean rozadas por las alas de un ángel y, por fin, sean sanadas.

Era un tiempo festivo, el tiempo de la Pascua, el tiempo en el que el pueblo de Dios recordaba cuando el Cordero de Dios, el amor sufriente de Dios, la pasión de Dios, los cubrió con su sacrificio para que el ángel de la muerte pasara por encima de ellos. Y era esa misma época del año cuando los heridos se reunían, amontonándose alrededor de los bordes del oscuro estanque de Betzatá, cerca de la puerta de las Ovejas, todos buscando una onda celestial en las aguas y una curación instantánea.

Un hombre había estado esperando la sanidad toda una vida, más de un cuarto de siglo, treinta y ocho largos y dolorosos años de esperanza.

A veces, la fe es una larga esperanza en la dirección correcta.

Ahora el Cordero de Dios, quien había descendido directamente del cielo, estaba en medio de ellos buscando sus ojos necesitados, sus rostros anhelantes.

Aunque buscaban sanidad, no reconocieron a su verdadero Sanador: «Una ceguera se había apoderado de estas personas en el estanque; allí estaban, y allí estaba Cristo, quien podía sanarlos, pero ni uno solo de ellos lo buscó. Tenían los ojos fijos en el agua, esperando que se moviera; estaban tan absortos en el camino que habían escogido que descuidaron el camino verdadero»[1].

Es una pregunta sensible para el alma dolorida: ¿Por qué seguir esperando lo que queremos que suceda? ¿Por qué seguir esperando el milagro que ya hemos dado a luz en nuestra mente? ¿Por qué seguir esperando que un rayo caiga de los cielos y rompa lo imposible de la manera que imaginamos? ¿Por qué seguir esperando una palabra en lugar de tomarle la Palabra? ¿Por qué no, en vez, mantenemos nuestro corazón y mente en el Camino mismo, en Quién hace que todo lo demás suceda?

¿Por qué seguir buscando el camino que queremos en lugar de mirar hacia el Camino que nos quiere?

¿Por qué seguir esperando falsas esperanzas, farsas novelescas y ventas rápidas que nunca satisfacen? ¿Quién anhela ser sanada más que desear las emociones baratas de las escenas tórridas, las pantallas brillantes, el estatus de la sociedad o cualquier *statu quo* seguro?

Es una verdad sensible para el alma herida: a veces esperamos y anhelamos por tanto tiempo que la espera y el deseo se convierten en nuestra identidad en lugar del anhelo de estar bien y sanas, aquí y ahora.

Es por eso que Jesús te mira a los ojos y te pregunta: «¿Te gustaría recuperar la salud?».

El único camino hacia la plenitud es desear de todo corazón el camino del Sanador.

Es un guía tierno que susurra al alma cansada: si en realidad quieres ser sanada, tienes que ir a la fuente correcta.

Al igual que el agua de las vasijas de purificación de las bodas de Caná no podría por sí misma convertirse en el vino del nuevo reino sin ser tocada por el Cordero, así tampoco las aguas agitadas del estanque de la puerta de las Ovejas —ni ningún gurú de autoayuda con alas de ángel imaginarias— pueden sanar alma alguna si no acontece un encuentro real con el Amor mismo.

El hombre del estanque casi se pierde a Jesús.

¿Nos pregunta Jesús también a nosotras si en realidad queremos ser sanadas porque, como el hombre que no se movió cuando las aguas del estanque se agitaron con una posibilidad ondulante, tampoco nosotras tenemos imaginación para ser elegidas?

Los ojos de Jesús encuentran a todas las que esperan, a las que sufren, a las que luchan por creer en su elección.

Los ojos de Jesús encuentran los tuyos.

Jesús no solo te da la razón por la que te elige, sino que simplemente te da su propio ser para *demostrar* que te elige.

No te ganaste ser elegida. Tu elección no tiene por qué tener sentido, porque el Amor mismo no necesita lógica humana. Dios es amor y Dios es el logos: la lógica del mundo. Él te ama no por algo que hayas hecho, sino porque él es Amor.

Las palabras que se escapan del hombre en debilidad son nuestras palabras: el dolor colectivo y turbado de toda la humanidad: «Señor, no tengo a nadie».

¿Hay palabras más tristes que «en realidad no tengo a nadie»? Desde nuestro primer aliento, todo lo que siempre quisimos es un rostro que mire el nuestro, que busque el nuestro, que encuentre el nuestro y que se deleite en el nuestro. Desde que nos convertimos en una persona en este planeta, lo que más hemos deseado es una persona que nos quiera. Cuando pones tu mirada en una mirada que te ve, tu alma descansa porque sabe que no está sola y que puede enfrentar cualquier cosa.

Jesús te mira a los ojos y mira todos tus deseos dolorosos, nunca se aparta. «Te aconsejaré con mis ojos puestos en ti», nos consuela nuestro Dios trino (Salmo 32:8, LBLA).

Todas queremos que alguien sea nuestra persona especial, y la Persona de Dios siempre quiso estar con nosotras tal como somos. «¡Busquen al Señor y su fuerza; anhelen siempre su rostro!» (Salmo 105:4). «Pero yo en justicia veré tu rostro; cuando despierte, estaré satisfecho al contemplar tu semejanza» (Salmo 17:15).

Encontramos la plenitud que buscamos solo cuando miramos de lleno sus ojos amorosos. Solo cuando miramos sus ojos vemos que hay más caminos hacia la plenitud de los que jamás hemos imaginado, porque estamos mirando a los ojos de Aquel que es el Camino de la plenitud.

Puede parecer imposible imaginar ser elegida por Dios, ser amada apasionadamente por Dios, ser sanada y completa a través de un toque verdadero y tierno de Dios. Puede ser más fácil hacer «lo que casi todos estamos acostumbrados a hacer porque limitamos la ayuda de Dios de acuerdo con el propio pensamiento, y no nos atrevemos a prometernos a nosotros mismos nada más que lo que concebimos en la mente», escribe Juan Calvino[2].

¿Cómo podría cualquiera de las formas limitadas que concebimos para el bien compararse con todas las formas de sanidad de Aquel que nos concibió y está obrando el bien a través de todo el universo?

Es una tierna epifanía para el alma honesta: a veces, nuestra peor enfermedad es nuestra imaginación marchita con respecto a que Dios nos ama lo suficiente como para trabajar el bienestar y la plenitud en las profundidades de nuestra alma.

A veces, la pregunta más importante que debemos hacerle a nuestra alma que espera es simplemente: *¿Qué pasaría si solo obtuvieras el camino que querías pero te perdieras los mejores caminos que Dios quería para ti?*

«¡Levántate, recoge tu camilla y anda!», dijo Jesús, señalando con la cabeza a quienes estaban atrapados en la parálisis.

Jesús le dijo al que estaba atrapado en la parálisis que hiciera lo que *nunca había* hecho. Durante treinta y ocho años, el hombre no se había levantado ni una sola vez, no había cargado ni una sola vez aquello en lo que siempre había confiado, no había caminado hacia adelante ni una sola vez.

Este es siempre el camino: da el siguiente paso en el camino de la obediencia. Cuando des el siguiente paso en tu peregrinación, el camino hacia la plenitud comenzará a aclararse.

La Palabra de Dios hace toda la obra verdadera dentro de ti a medida que obedeces y confías en que, aunque aún no veas cómo Dios está obrando, el Camino lo está haciendo todo. Aunque todavía no veas lo que ha cambiado, puedes vivir según la Palabra de Jesús, confiar en la Palabra de Jesús y apoyarte en la Palabra de Jesús: «Al instante aquel hombre quedó sano, así que tomó su camilla y echó a andar».

La mejor manera de encontrar el camino es seguir caminando por el camino de la obediencia. Esta es la peregrinación de nuestra vida.

Jesús te toma la mano y te susurra tiernamente: «Mira, ya has quedado san[a]. No vuelvas a pecar».

Asintamos sin apartar nuestros ojos de los suyos.

Su corazón late plenitud y bienestar en nosotras.

NOTAS PARA MI ALMA TRAS ESTA PEREGRINACIÓN AL CORAZÓN DE JESÚS:

BUENOS REGALOS

Algún tiempo después, Jesús se fue a la otra orilla del lago de Galilea o de Tiberíades. Y mucha gente lo seguía porque veían las señales que hacía en los enfermos. Entonces subió Jesús a una colina y se sentó con sus discípulos. Faltaba muy poco tiempo para la fiesta judía de la Pascua.

Cuando Jesús alzó la vista y vio una gran multitud que venía hacia él, dijo a Felipe:

—¿Dónde vamos a comprar pan para que coma esta gente?

Esto lo dijo solo para ponerlo a prueba, porque él ya sabía lo que iba a hacer.

—Ni con el salario de más de seis meses de trabajo podríamos comprar suficiente pan para darle un pedazo a cada uno —respondió Felipe.

Otro de sus discípulos, Andrés, que era hermano de Simón Pedro, le dijo:

—Aquí hay un muchacho que tiene cinco panes de cebada y dos pescados, pero ¿qué es esto para tanta gente?

—Hagan que se sienten todos —ordenó Jesús.

En ese lugar había mucha hierba, así que se sentaron. Los varones adultos eran como cinco mil. Jesús tomó entonces los panes, dio gracias y distribuyó a los que estaban sentados todo lo que quisieron. Lo mismo hizo con los pescados.

Una vez que quedaron satisfechos, dijo a sus discípulos:

—Recojan los pedazos que sobraron, para que no se desperdicie nada.

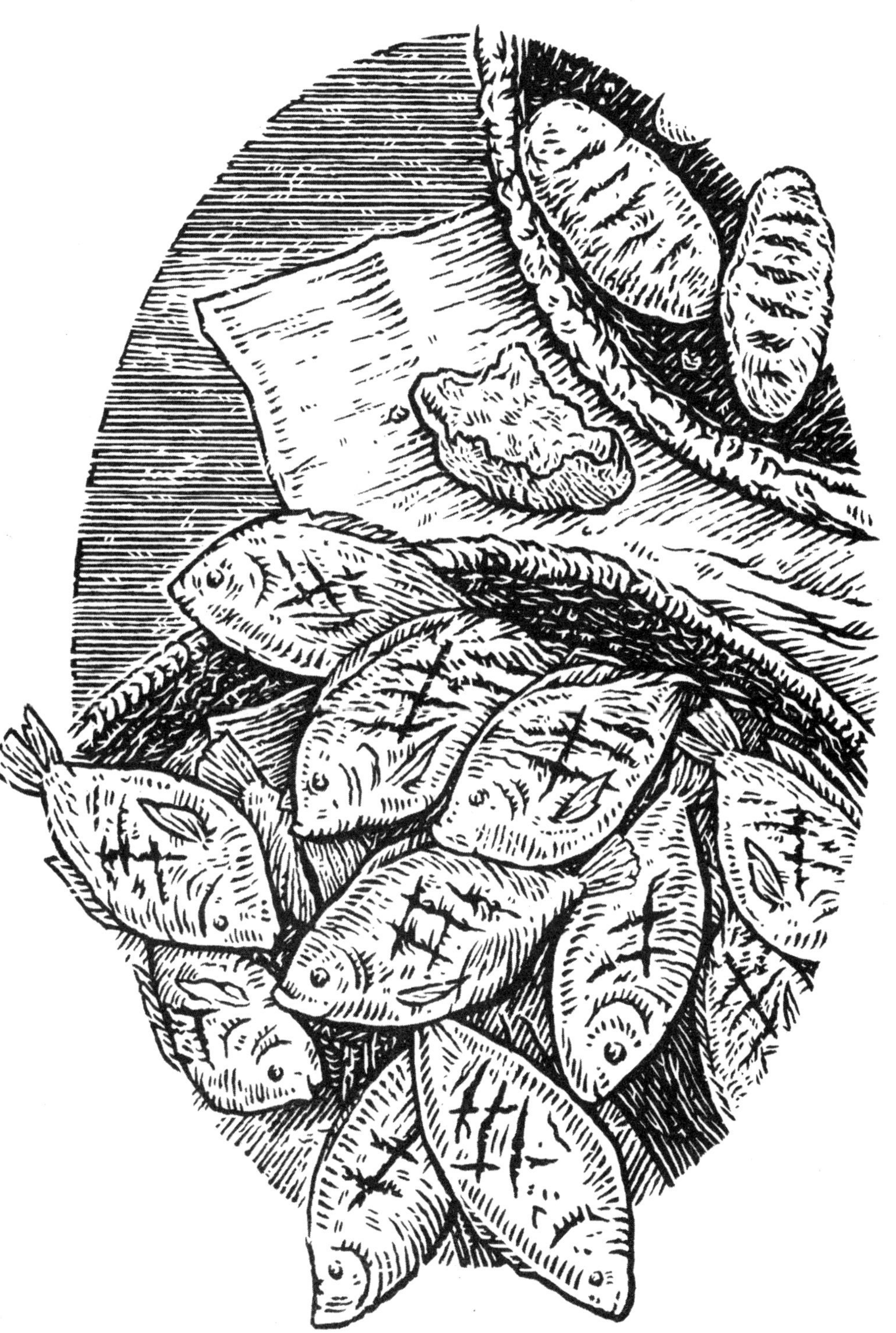

Día *11: «Recojan los pedazos que sobraron, para que no se desperdicie nada». Juan 6:12*

Así que recogieron los pedazos que habían sobrado de los cinco panes de cebada y llenaron doce canastas.

Al ver la señal milagrosa que Jesús había realizado, la gente comenzó a decir: «En verdad este es el profeta que había de venir al mundo».

JUAN 6:1-14

NO ESTÁS SOLA.

Todas estamos buscando señales de que somos amadas. Estamos con cada uno de los cinco mil, quienes, lo supieran o no, habían estado buscando una señal de que eran amados. ¿Estamos acaso todos buscando la misma señal y el mismo milagro de que somos amados por Aquel que es Amor?

En griego, la Palabra da el sentido a que «la multitud "seguía" a Jesús porque "veía continuamente" las señales que "habitualmente hacía" por los enfermos»[1]. Pero si Dios no nos siguiera dando señales, si nos permitiera hacer las cosas a nuestra manera, ¿es posible que ya no lo siguiéramos de todo corazón, sino que nos desviáramos del Camino porque pensáramos que conocemos un camino mejor hacia la vida verdadera?

¿Es posible seguir a Jesús buscando signos de todo tipo de sanidades cuando lo que en realidad nos sana es mirar a Aquel que siempre nos mira con el amor más amoroso, Aquel que lleva las cicatrices que sanan las nuestras?

En su compasión, el Amor mismo nos mira a los ojos. Sabe lo que es ser una de nosotras, sufrir como nosotras, enfrentar todo tipo de enemigos como lo hacemos nosotras, ser una oveja como nosotras. Y tiene misericordia de nosotras porque somos «como ovejas sin pastor» (Marcos 6:34). Así que él pastorea tu alma cerca de la Palabra, consuela tus heridas con sabiduría y alimenta los anhelos de tu alma consigo mismo.

Se puede sentir la opresión de la gente. Cinco mil hombres, más de veinte mil personas incluyendo mujeres y niños, habían subido siguiendo a Jesús por el terreno empinado que desde el este dominaba las aguas del lago de Galilea que estaban abajo. Jesús, quien había estado alimentando a la gente con sus palabras, les preguntó a sus discípulos si era posible alimentar a toda esa gente. Felipe respondió que ni los salarios de ocho meses enteros de trabajo serían suficientes para ofrecer aunque tan solo fuera un bocado de pan en la boca de todos.

Es así: todas sabemos que todavía pensamos como Felipe en la actualidad. Puedes vivir tu vida pensando en términos de recursos terrenales o de recursos divinos. Hay todo un mundo de diferencia entre pensar en lo práctico y pensar en lo milagroso, lo cual a fin de cuentas te lleva a dos lugares muy diferentes. ¿Y no había visto el mismo Felipe con sus propios ojos cómo el Amor divino obraba milagros, fortaleciendo tendones con su palabra, vivificando las venas a través de su sola voz, impartiendo plenitud en los cuerpos con sus palabras?

Ver milagros con tus propios ojos, sin embargo, no evita que las cataratas crezcan sobre los ojos de tu corazón.

¿Quién no ha visto las imágenes milagrosas de nuestra propia canica azul llamada Tierra girando segura a través del espacio, sentido el milagro bajo su propia mano del latido seguro y constante de la vida que palpita por sus venas o sostenido el milagro de un nuevo ser humano completo y vivo en sus brazos, el amor hecho vida? (El Amor siempre crea vida). Y, sin embargo, ¿quién no ha traído a la mente algo de la forma de pensar de Felipe en un abrir y cerrar de ojos, pasado de la fe a la duda en un instante?

Aun así, mirar su rostro durante el tiempo suficiente puede quemar las escamas de las cataratas de nuestra alma. Es la historia más verdadera que jamás hayas contemplado: el Pan siendo pan, Dios dando a Dios, el Amor prodigando amor, amándonos para la vida.

Todos los discípulos de Jesús necesitan ojos que vean a través del lente de la fe. Los discípulos devotos siempre ven la posibilidad de los recursos divinos.

En medio de una multitud de veinte mil personas hambrientas, un niño pobre con sus pobres panes miró a Jesús y le dio lo poco que tenía. Cuando le das lo que tienes a Jesús, debes saber esto: perder aterroriza, rendirse aterroriza, no tener el control aterroriza. Pero Jesús toma y Jesús rehace. Puedes sentir el alivio de esto también: quien le entrega el control a Cristo recibe más consuelo en Cristo.

Jesús se acerca: «Saciaré con mis bienes a mi pueblo» (Jeremías 31:14).

Puedes sentir su presencia gratificante. Conoces a un Amor que convierte incluso lo más escaso en la mayor abundancia, que toma tu pobreza de posibilidades y la convierte en una abundancia de serenidad.

«Jesús tomó entonces los panes, dio gracias y distribuyó a los que estaban sentados todo lo que quisieron. Lo mismo hizo con los pescados».

Puedes tener cuanto quieras de Dios.

En las manos amorosas de Dios, lo poco se convierte en fastuosidad y lo que no es suficiente se convierte en sobreabundancia. De mucho agradecimiento viene más alegría de la imaginada.

Dar gracias por lo muy poco precedió al milagro de la gracia más que suficiente.

Dar gracias siempre precede al milagro de la alegría más que suficiente.

Levantar las manos en agradecimiento es la forma verdadera en que dejas ir todo lo que está en tus manos. La acción de gracias es la forma en que *le damos cosas*, mucho o todo, a Dios.

No importa lo pequeño que sea algo, lo que importa es en las grandes manos de quién está. Todo lo que está en tus manos ponlo en las manos de Dios. Toda la materia en sus manos se vuelve milagrosa.

Soltar permite que comiencen los milagros.

Al final, en Cristo, siempre habrá más que suficiente, incluso cuando parezca que no hay suficiente para empezar. Primero morir, luego, multiplicar. La matemática de Dios es que en él lo quebrantado y dividido, lo dado y lo sustraído, es igual a abundancia multiplicada.

Cuando Juan escribió esta milagrosa historia de amor varias décadas después, había más de veinte mil personas que en realidad habían estado allí y que podrían haber desafiado este documento que circulaba por Palestina. Podrían haberlo disputado, descartado, destruido antes de que saliera de ese pequeño rincón del mundo. La única forma en que la carta de amor de Juan, la cual detallaba milagro tras milagro presenciado por miles y miles, haya resistido la revisión de los pares y se haya extendido por todo el mundo es que los milagros *sucedieron en realidad.*

El cristianismo no es una fantasía inventada, imaginaria, alegórica; el cristianismo está sólidamente arraigado en la exactitud, la veracidad, la credibilidad, la historicidad y la realidad.

Tu Amor, tu Dios trino, no solo te da tu maná de cada día, tu pan de cada día, tu ración diaria, sino que se da a sí mismo. Esto no es fantasía: esta es tu realidad.

El Amor de tu vida es un Moisés más grandioso, a través de quien Dios proveyó maná para las multitudes en el desierto. Es un Eliseo más grandioso, a través del cual Dios proveyó pan a los hijos de los profetas. Es la Palabra más grandiosa, la cual alimenta a las almas que no viven solo de pan, sino que son resucitadas por el cálido aliento de las palabras de su boca.

Y, al final, doce canastas se llenaron hasta el borde con las sobras. El número doce se anotó porque la promesa es que siempre habrá provisión no solo para cada una de las doce tribus de Israel, sino para cada uno de los hijos adoptivos de Dios.

No temas: nunca habrá un momento en el que no puedas deleitarte en su fuerza sustentadora.

Aún más, aunque Dios puede dar y sigue dando nuevas provisiones, todavía recoge todo lo que sobra, como recoge cada lágrima de tu dolor. Porque Dios no desperdicia nada, sino que todo lo guarda y todo lo redime, porque Dios *te guarda* siempre.

¿Cuántos habían venido solo porque habían visto sanidades milagrosas? ¿Cuántos se habían quedado solo porque habían comido comida milagrosa, pero en realidad ni siquiera se imaginaban que el milagro final sería algo más profundo que el poder político? ¿Cuántos aún no habían comprendido que él había venido para romper el reinado de la muerte sobre su vida y para estar en íntima comunión con ellos ahora y para siempre?

Su amor por ti es la señal que estuviste buscando toda tu vida; su amor inquebrantable e incondicional es la verdadera maravilla que estuviste buscando en esta peregrinación.

La cruz es la marca del amor que te saca de este mundo para llevarte a probar el cielo, incluso, ahora mismo, en este momento santo.

NOTAS PARA MI ALMA TRAS ESTA PEREGRINACIÓN AL CORAZÓN DE JESÚS:

EN TU VÓRTICE MÁS TORMENTOSO

Cuando ya anochecía, sus discípulos bajaron al lago, subieron a una barca y comenzaron a cruzar el lago en dirección a Capernaúm. Para entonces ya había oscurecido y Jesús todavía no se les había unido. Por causa del fuerte viento que soplaba, el lago estaba agitado. Habrían remado unos cinco o seis kilómetros cuando vieron que Jesús se acercaba a la barca, caminando sobre el agua, y se asustaron. Pero él les dijo: «Soy yo. No tengan miedo». Así que se dispusieron a recibirlo a bordo y enseguida la barca llegó a la playa, lugar al que se dirigían.

JUAN 6:16-21

Día *12: «Soy yo. No tengan miedo». Juan 6:20*

ESTÁ BIEN QUERER LLEGAR AL OTRO LADO.

Está bien querer llegar al otro lado de esta cordillera, al otro lado de este capítulo, al otro lado de esta lucha, al otro lado de esta angustia.

En realidad está bien. Quieres estar sana y riendo del otro lado, viviendo la historia que siempre soñaste que tendrías.

Pero las olas altas golpean implacablemente y los vientos azotan sin piedad. Estás agotada hasta los huesos de tanto remar. ¿Y cuál es el resultado? Puedes tener doce canastas de sobras de comida milagrosa a tus pies, allí mismo en tu barca, allí mismo en medio de tu tormenta, que son prueba de la provisión sobrenatural que te rodea por todas partes y, aun así, tener un miedo inconmensurable en tu corazón.

Al igual que aquellos discípulos, lo sientes: ocho horas de remar hacia Capernaúm con vientos en contra, aterrorizados, y todavía a mitad de camino a través del lago. La vida son olas. La transformación que resulta de llegar al otro lado vendrá con crestas crecientes, bajadas estruendosas y tormentas agotadoras. Así es siempre el proceso. Dicho eso, hay más que simplemente aceptar el proceso; se trata de aceptar y confiar en el accionar de Aquel que gobierna las olas y todo el proceso.

Nunca estás sola en ninguna de tus olas.

Puede haber oscuridad en la faz del abismo donde todos los rostros están buscando un rostro; el rostro de Jesús siempre está vuelto hacia el nuestro.

No importa cuán altas sean las olas, cuán oscuras sean las profundidades, cuán implacable sea el viento o la tormenta, ahí está el rostro de Jesús cruzando las olas para estar contigo. Las circunstancias no tienen que dar un giro para hacer retroceder el miedo, el solo conocimiento de su presencia puede lograrlo.

Puedes confiar, aquí y ahora, en medio de tu tormenta, en que estás en presencia de lo sobrenatural, de lo extraordinario, de Aquel cuyos pies caminan sobre las olas como en una carretera y te mira a los ojos y dice: «Soy yo». La misma mirada santa que encendió la zarza para Moisés con el «Yo Soy» que resuena.

Dios no solo existe. Dios *es* existencia. Dios camina sobre las olas porque este es su mundo; este es el mundo de nuestro Padre. Las olas están debajo de él, las tormentas están debajo de él, el caos y la lucha están debajo de él. Dios nos toma para que estemos seguras en él.

Con la misma certeza con la que puedes decir que existes, que puedes decir: «Yo soy», Dios se encuentra con tus ojos y te dice: «Yo existo. Yo Soy. Estoy aquí. Soy Yo». Dios está aquí. Es el *Yo Soy*, nuestro primer amor, el gran Yo Soy quien siempre nos dice: «Estoy aquí, aquí mismo. Estoy sobre tu vórtice tormentoso. Estoy por encima de esta lucha. Yo Soy todo poder, todo gobierno, todo amor. Yo Soy *todo para ti*».

Cómo no volvernos a él y susurrarle: «Aquí estoy. Aquí está mi tormenta, aquí está mi dolor, aquí están mis olas, aquí están todos mis otros amores. Aquí estoy, llévame. Amarte, vivir en ti es la pasión de mi vida, mi única salida».

Ningún otro amor se compara con este Amor que es nuestra vida.

Todos los demás amores se desvanecen con las olas. Él es el centro. Jesús es el Dios todopoderoso, con toda autoridad. Él es tu centro o no es nada porque para Jesús no existe la periferia. La única manera de aceptar su amor es aceptar su señorío. No debes caminar sobre la indecisión con Jesús. O centras todo en él con el propósito de caminar sobre el agua para seguirlo, o permaneces en el agua que parece estar tranquila y te hervirá poco a poco hasta la muerte.

La única manera de cruzar al otro lado es confiar en que la verdadera calma no se encuentra en las circunstancias exteriores que cambian, sino en un enfoque interior en el amor inmutable de Dios. La calma no depende de las circunstancias, sino que depende de enfocarse en Dios. Su amor está haciendo de manera incansable una obra santa dentro de nosotras a través de estas duras circunstancias exteriores. Nuestro Amor no solo quiere hacernos sentir bien, sino también *hacernos* buenas personas.

Él te llevará al otro lado y te cambiará por dentro.

Este es el propósito de las tormentas: las tormentas transportan y las tormentas transforman.

Aunque anhelamos ser amadas por el Amor mismo a través de esta tormenta, podemos sentir temor de su amor santo y apasionado en esta tormenta porque el calor de un amor como este no nos permite tener el control, sino que nos refina, nos santifica, quema la escoria, nos forja de nuevo y nos reforma. Si lo dejas entrar en la barca, es posible que temas por tener que ceder el control ante él. Pero ¿preferirías perderte en el mar en una barca que nunca puede llegar al otro lado? Porque en verdad no podrás cruzar a la otra orilla, a menos que Aquel que camina sobre el agua esté a tu lado.

Este sistema de presión conflictivo de, por un lado, anhelar su amor apasionado y, por el otro, querer apasionadamente tener el control, puede provocar una tormenta dentro de nosotras que es mucho más grande que cualquier tormenta que nos rodee.

La Palabra viene a través de todas nuestras olas y nos sostiene:

Soy yo...
entonces, ¿por qué
tienen miedo?
YO ESTOY aquí; no teman.

El calor extremo de su amor apasionado y purificador no es algo que temer, sino que es el consuelo más profundo al que siempre puedes acercarte a través de todas las tormentas.

Porque fue su santo amor por ti lo que lo llevó a la cruz, donde los clavos de hierro atravesaron tu nombre escrito como una nota de amor en su mano. Porque en la cruz enfrentó la furia y la tormenta de tu pecado y descendió a las profundidades de tu muerte. Pero su santidad hizo que conquistara todo el caos infernal y resucitara con tu nombre en sus labios como la canción de amor que nunca puede dejar de cantar. Si te escondes en su santidad, ninguna tormenta podrá hundirte.

Cuando aceptas el amor apasionado de Jesús en tu barca, no tienes que remar más arduamente para llegar al otro lado: ya llegaste, ya fuiste aceptada allí, al otro lado, en el paraíso de su presencia.

El milagro de llegar no sucedió hasta que los discípulos «se dispusieron a recibirlo a bordo». El milagro no sucede hasta que recibes de manera voluntaria toda la pasión candente de Cristo en tu corazón rendido.

El alma que toma en serio el amor de Cristo llega de inmediato al amor más seguro y profundo, uno que ninguna tormenta puede tocar: los brazos del amor que te lleva al otro lado.

La peregrinación es siempre hacia la intimidad de su presencia.

NOTAS PARA MI ALMA TRAS ESTA PEREGRINACIÓN AL CORAZÓN DE JESÚS:

EL PAN DE DIOS

Cuando lo encontraron al otro lado del lago, le preguntaron:

—Rabí, ¿cuándo llegaste acá?

Jesús respondió con firmeza:

—Les aseguro que ustedes me buscan no porque han visto señales, sino porque comieron pan hasta llenarse. Trabajen, pero no por la comida que es perecedera, sino por la que permanece para vida eterna, la cual les dará el Hijo del hombre. Dios el Padre ha puesto sobre él su sello de aprobación.

—¿Qué tenemos que hacer para realizar las obras que Dios exige? —le preguntaron.

—Esto es lo que Dios quiere que hagan: que crean en aquel a quien él envió —respondió Jesús.

—¿Y qué señal milagrosa harás para que la veamos y te creamos? ¿Qué puedes hacer? —insistieron ellos—. Nuestros antepasados comieron el maná en el desierto, como está escrito: "Pan del cielo les dio a comer".

—Les aseguro que no fue Moisés el que les dio a ustedes el pan del cielo —afirmó Jesús—. El que da el verdadero pan del cielo es mi Padre. El pan de Dios es el que baja del cielo y da vida al mundo.

—Señor —le pidieron—, danos siempre ese pan.

—Yo soy el pan de vida —declaró Jesús—. El que a mí viene nunca pasará hambre y el que en mí cree nunca más volverá a tener sed. Pero

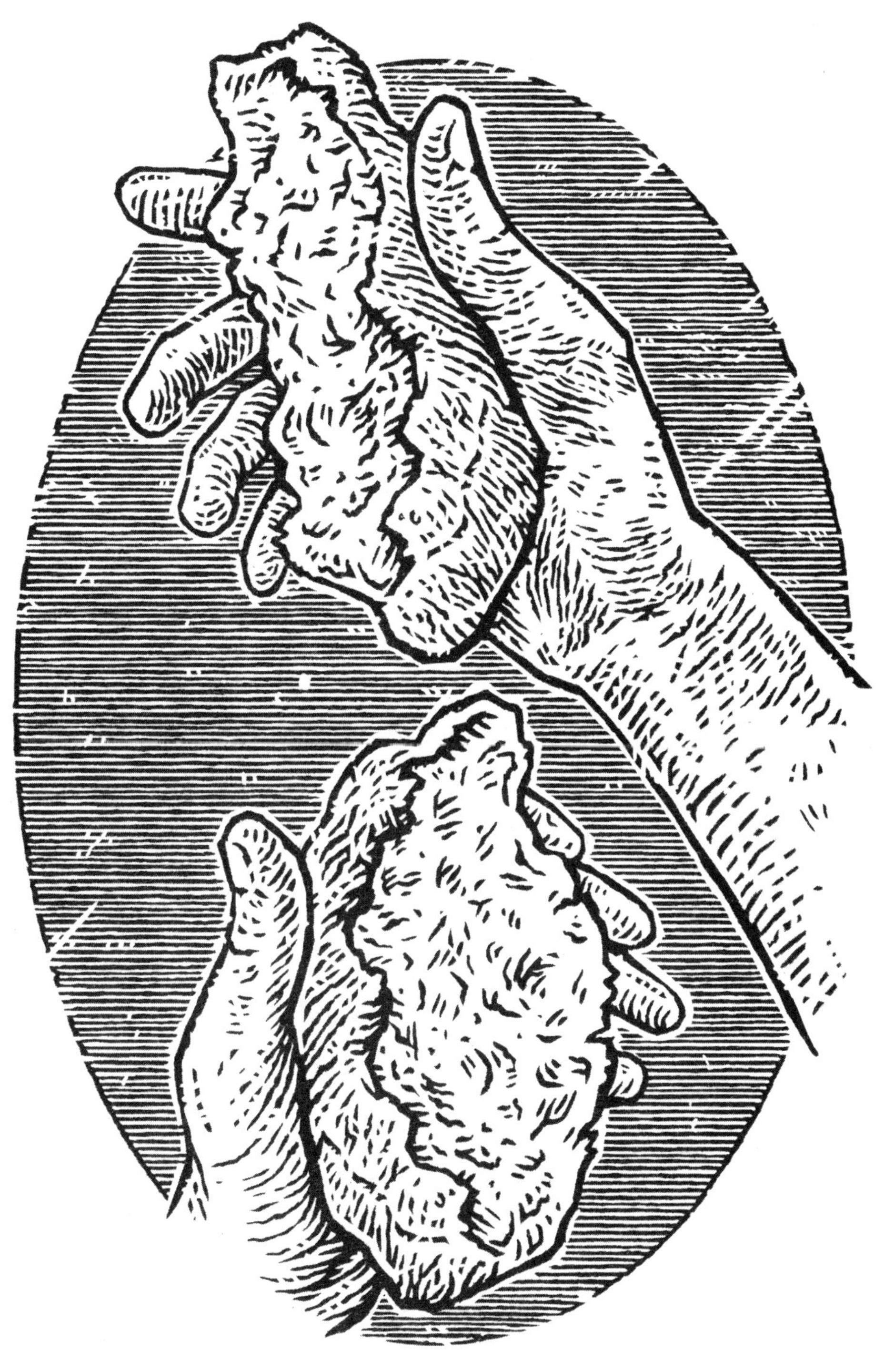

Día *13: «El que da el verdadero pan del cielo es mi Padre». Juan 6:32*

como ya les dije, a pesar de que ustedes me han visto, no creen. Todos los que el Padre me da vendrán a mí; y el que a mí viene no lo rechazo. Porque he bajado del cielo no para hacer mi voluntad, sino la del que me envió. Y esta es la voluntad del que me envió: que yo no pierda nada de lo que él me ha dado, sino que lo resucite en el día final. Porque la voluntad de mi Padre es que todo el que ve al Hijo y crea en él tenga vida eterna, y yo lo resucitaré en el día final.

Entonces los judíos comenzaron a murmurar contra él porque dijo: «Yo soy el pan que bajó del cielo». Y se decían: «¿Acaso no es este Jesús, el hijo de José? ¿No conocemos a su padre y a su madre? ¿Cómo es que sale diciendo: "Yo bajé del cielo"?».

—Dejen de murmurar —respondió Jesús—. Nadie puede venir a mí, si no lo trae el Padre que me envió, y yo lo resucitaré en el día final. En los Profetas está escrito: "A todos los instruirá Dios". En efecto, todo el que escucha al Padre y aprende de él viene a mí. Al Padre nadie lo ha visto, excepto el que viene de Dios; solo él ha visto al Padre. Les aseguro que el que cree tiene vida eterna. Yo soy el pan de vida. Los antepasados de ustedes comieron el maná en el desierto; sin embargo, murieron. Pero este es el pan que baja del cielo; el que come de él no muere. Yo soy el pan vivo que bajó del cielo. Si alguno come de este pan, vivirá para siempre. Este pan es mi carne y lo daré para que el mundo viva.

JUAN 6:25-51

¿NO ES UN MILAGRO que te hayas visto arrastrada por esta aglomeración de gente que sigue a Jesús?

Es porque estás siendo atraída por Dios. En este momento, mientras miras esta página, estás buscando a Jesús, quien, a su vez, en este momento te está buscando a ti.

¿Es posible que Jesús nos mire en medio de la multitud y nos diga: «Les aseguro que ustedes me buscan no porque han visto señales, sino porque comieron pan hasta llenarse»?

¿Hay una parte de nosotras que desfallece de hambre por un hacedor de milagros en lugar de confiar en la obra de nuestro Hacedor?

¿Hay una parte de nosotras que tiene nociones materialistas sobre el reino de Dios o en verdad estamos enfocadas en el Mesías?

A través de la multitud, Jesús encuentra nuestros ojos y habla con firmeza a lo más profundo de nuestra alma: «Yo soy el pan de vida. El que viene a mí nunca volverá a tener hambre; el que cree en mí no tendrá sed jamás».

Lo que te apetece es lo que más te apasiona.

Jesús define a los cristianos genuinos como aquellos que están hambrientos del calor ardiente de su corazón en lugar de atiborrarse con los sustitutos insípidos, insatisfactorios y recalentados de este mundo.

Porque la realidad es que, si tienes poco apetito por Dios, puede ser porque te llenaste con las calorías vacías del bufé libre de este mundo. Roba bocados de los dulces baratos de este mundo por mucho tiempo, y arruinarás tu apetito por Dios. Cuando no estamos hambrientas de Dios, ¿será eso una señal de que nos hemos deleitado durante demasiado tiempo con las banalidades de este mundo?

Eres lo que consumes.

Las noticias, las pantallas, las conversaciones, los deseos, cada pasión que te consume se convierten en ti.

Es fácil sentarse a comer cosas muertas, pero como resultado vivirás una vida muerta.

Porque la realidad es esta: todo lo que crece del polvo de esta tierra es el alimento de los muertos. «Para quien piensa que la comida en sí misma es la fuente de la vida, comer es comunión con el mundo moribundo, es comunión con la muerte. La comida misma está muerta, es la vida que murió y debe ser guardada en refrigeradores como un cadáver», escribe el teólogo Alexander Schmemann[1]. Solo hay una fuente viviente de sustento en todo el mundo porque solo él viene de más allá de los muros de este mundo. Aquel que afirma: «Yo soy pan vivo. Yo soy agua viva».

Cualquier alimento que no sea el Pan de vida, con el tiempo, se echa a perder. El único alimento para el alma que nunca se echa a perder se encuentra en nuestro Salvador. Y la manera de perseverar hasta la vida eterna es seguir consumiendo la «comida que permanece para la vida eterna». Es una alegría surrealista sentarse a *¡comer pan vivo y vivir para siempre!*

Consume la pasión de Dios, el Pan que es Jesús, y te convertirás en el amor de Cristo, te convertirás en un «pequeño Cristo». *¡Al fin estarás completamente viva!*

Su amor sufriente está destinado a ser saboreado, tragado: su fuerza en tus tendones. Su amor sobrenatural tiene que entrar en tu alma, palpitando a través de tus venas, agrandando las cámaras de tu corazón, avivando la materia neuronal de tu mente, haciendo crecer y revigorizando el ritmo estimulante de tu ser, tu esencia, *convirtiéndose en* ti.

¡Este tipo de vitalidad apasionada es el verdadero cristianismo!

El Pan de vida es la *persona* de Jesús. Persiste en su amistad. Él es el Señor y el Amante, para bien o para mal, no un lacayo que tiene que cumplir sí o sí o atenerse a las consecuencias. Permanece en su intimidad, saborea su comunión. Este Pan de Dios no requiere que tengamos un título o un linaje para comer de su dulzura. Que vengan los niños, que vengan todos; cualquiera puede venir y comer pan. ¿Quién quiere vivir?

«Este pan es mi carne y lo daré para que el mundo viva», dijo Jesús extendiendo su mano hacia ti (Juan 6:51).

Su cuerpo: para la vida del mundo.

Su corazón: para amar al mundo para la vida.

La presencia de Dios es el único sustento que en verdad sostiene el alma. El banquete supremo de amor es Dios.

La pasión de Dios por ti no es un amor en el que simplemente puedas reflexionar, pensar, considerar con cuidado, un ejercicio cerebral hipotético. La pasión de Dios es un amor destinado a ser metabolizado. El amor divino implora ser digerido.

La comida que nunca dejas de desear es la mente y el corazón de Dios. Y tu corazón roto llega a sentir el consuelo más profundo: él, el Pan de vida, es pan partido por ti. Porque sabe que un pan entero no te satisface del todo. Solo un pedazo de pan partido puede llenarte. Jesús conoce tu quebrantamiento y sabe que tu quebrantamiento solo puede conocer la plenitud si él va a la cruz. Por lo tanto, como el pan, es partido y entregado por ti. Si Jesús fuera solo perfección, solo sentirías condenación. Pero debido a que Jesús es la perfección que se rompió por tu quebrantamiento, tu corazón quebrantado puede experimentar la plenitud.

Jesús acaricia tu corazón roto, tu alma hambrienta, tus pasiones resecas;

te mira a los ojos y te susurra: «Este pan es mi carne y lo daré para que el mundo viva».

¡Te ama para la vida! Todos tus lugares muertos y quebrantados pueden ser sanados, satisfechos, revividos y llenos de vida.

La única manera de probar este Pan del cielo es saber que no tienes que trabajar por él: que lo único que tienes que hacer es, simplemente, abrir tu corazón de par en par para recibirlo como regalo.

La obra de Dios en ti no es ni para que trabajes arduamente o trabajes más ni para que hagas buenas obras o mejores obras. La obra de Dios en ti es simplemente la obra de creer en él, apoyarte en él, confiar en él, no vacilar en tu lealtad a él, disfrutar el sabor de su amor *más que cualquier otro amor en tu vida.*

El Dios que compra todos los gravámenes sobre tu vida con su propio corazón sacrificado es digno de que apoyes todo el corazón en él.

La obra a la que Dios te llama es: probar y confiar en él cuando no sabes cómo hacerlo.

Esta es tu verdadera peregrinación diaria: la verdadera labor de tu vida es confiar en que Dios en realidad está obrando.

Prueba lentamente el Pan de Dios y confía, incluso cuando no puedas ver que el Pan está actuando en tu interior para tu vida en el mundo, por amor al mundo.

NOTAS PARA MI ALMA TRAS ESTA PEREGRINACIÓN AL CORAZÓN DE JESÚS:

¿A QUIÉN IREMOS?

Al escucharlo, muchos de sus discípulos exclamaron: «Esta enseñanza es muy difícil; ¿quién puede aceptarla?».

Jesús, muy consciente de que sus discípulos murmuraban por lo que había dicho, les reprochó:

—¿Esto les causa tropiezo? ¿Qué tal si vieran al Hijo del hombre subir adonde antes estaba? El Espíritu da vida; la carne no vale para nada. Las palabras que les he hablado son espíritu y son vida. Sin embargo, hay algunos de ustedes que no creen.

Es que Jesús conocía desde el principio quiénes eran los que no creían y quién era el que iba a traicionarlo. Así que añadió:

—Por esto les dije que nadie puede venir a mí, a menos que se lo haya concedido el Padre.

Desde entonces muchos de sus discípulos le volvieron la espalda y ya no andaban con él. Así que Jesús preguntó a los doce:

—¿También ustedes quieren marcharse?

—Señor —contestó Simón Pedro—, ¿a quién iremos? Tú tienes palabras de vida eterna. Y nosotros hemos creído, y sabemos que tú eres el Santo de Dios.

—¿No los he escogido yo a ustedes doce? —respondió Jesús— No obstante, uno de ustedes es un diablo.

Día *14: «Señor —contestó Simón Pedro—, ¿a quién iremos?». Juan 6:68*

Se refería a Judas, hijo de Simón Iscariote, uno de los doce, quien lo iba a traicionar.

JUAN 6:60-71

ES POSIBLE QUE VEAS la mano de Jesús extendida hacia ti porque quiere tocar tu corazón para que sus palabras queden impresas sobre ti, te remodelen, te reformen, te rehagan, con el fin que puedas conocerlo plenamente.

¿Quién puede aceptarla?

La pasión de Dios es gratuita *y puede costarte todo.*

Puede ser una enseñanza difícil comerse las palabras de Cristo. Es una enseñanza difícil voltear las mesas interiores para que puedas volverte y entrar en el templo de su amor. Es una enseñanza difícil tomar la copa y asentir cuando recibes la instrucción: «Hagan lo que él les ordene». Es una enseñanza difícil comer su Palabra, saborearlo como tu único Pan. Pero hay enseñanzas difíciles que son el lugar más suave en todo el mundo donde aterrizar.

¿Quién puede aceptarla?

Estas realidades del universo no son tan difíciles de entender como difíciles de soportar, aceptar y tragar como gracia, como amor que revive.

En realidad estás siguiendo a Jesús cuando sigues teniendo hambre de él, tragando su Palabra, saboreando su amor, para volverte poco a poco como él.

En un mundo con un millón de palabras diferentes, los seguidores de Jesús se hacen eco de las palabras de los profetas de Dios: «Al encontrarme con tus palabras, yo las devoraba; ellas eran mi gozo y la alegría de mi corazón» (Jeremías 15:16). La comida reconfortante más dulce de todo el mundo es la Palabra. Deléitate en cada línea del dulce sustento que tu alma anhela.

Puede ser dulce y difícil de aceptar para un corazón: la verdadera carne y bebida de tu vida es aquello de lo que no puedes prescindir, día tras día. *Eres lo que consumes.*

Los ojos de Jesús escudriñan tu corazón —al lado de la mujer en el pozo; al lado de los vendedores en las mesas del templo; frente al hombre que espera las alas del ángel en las aguas del estanque; y detrás del oficial romano que corre con el hijo enfermo de muerte— y te susurran: «¿Soy yo tu pan y tu bebida? ¿Soy lo que anhelas probar y ansías comer? ¿Soy yo por quien tienes un apetito insaciable? ¿Te apoyas en mí para que te dé fuerzas para soportar? ¿Soy tu combustible, soy tu centro, soy tu vida misma? ¿Soy tu único amor, tu mayor pasión?».

Puede ser fácil seguir a Dios siempre y cuando esté de acuerdo con tus términos. Cualquiera que siga a Cristo en sus propios términos para obtener una ganancia de la inversión se pierde la comunión íntima con el Dios del universo y, en cambio, se queda con un contrato detallado con un empresario a quien solo conoce superficialmente. ¿No crees que deberías examinar si tan solo estás tachando una lista de tareas pendientes con Dios para pagar por un milagro? El cristianismo nunca se trata de si seguir a Jesús rinde, porque Jesús ya pagó por cada uno de tus errores con su espalda en la cruz. El cristianismo se trata de seguir a Jesús para obtener las riquezas de Jesús mismo.

Cuando en realidad crees que Jesús tiene las palabras de vida, crees que hay un mundo de diferencia entre una relación con Dios que es solo transaccional y una que es totalmente de pacto. Hay un mundo santo de diferencia entre una relación con Dios que acepta y entra en el sufrimiento, sabiendo que el sufrimiento es siempre exactamente el molde y la forma del corazón de su pasión, y el tipo de relación que se prepara para evitar todo sufrimiento, exigiendo apasionadamente una vida sin sufrimientos si Dios nos ama de verdad.

«¿También ustedes quieren marcharse?». El gentil corazón de Jesús escudriña el tierno corazón de cada uno de sus seguidores. Si Dios te pide mucho, ¿cuánto responderás con tu vida? Si Dios te pide autoridad completa sobre tu vida, pero no te da todo lo que quieres, ¿todavía te entregas a él sin restricciones?

El amor apasionado de Dios nunca se experimenta plenamente en nuestros términos transaccionales, sino solo en sus brazos de pacto. Los seguidores de Jesús siguen apasionadamente a Jesús para experimentar en plenitud la pasión de Jesús. Punto.

Esta es una tierna epifanía que los caminos difíciles pueden darte: siempre puedes decidir si las duras enseñanzas de Jesús te alejan de él o te llevan a sus brazos para vivir a su manera. «Cristo no retendrá a nadie contra su voluntad; sus soldados son voluntarios, no hombres obligados», escribe Matthew Henry[1].

Nuestro corazón medita sobre el poder de la pregunta de Jesús, y respondemos con Pedro: «Señor, ¿a quién iremos? Tú tienes palabras de vida eterna».

¿A dónde podemos ir cuando se avecinan días en nuestra historia mucho más difíciles de lo que podríamos imaginar, cuando hay llamadas que estremecen, noticias devastadoras y desorientadoras que arrancan el aire de los pulmones, tumbas feas y funerales duros para cada una de nosotras que alguna vez hemos amado, porque el amor y la pérdida viven juntos? ¿A dónde puedes ir en este mundo herido?

Sinceramente, ¿dónde encontrarás verdadero consuelo en todo el cosmos si abandonas el consuelo de Cristo?

¿Cómo podría cualquiera de las cáscaras de este mundo ser un refugio seguro para tu única alma o ser alimento para tu vacío interior? Todo amor terrenal con el tiempo fracasará; todo fundamento mundano con el tiempo se resquebrajará; y todos los banquetes que este viejo mundo pueda ofrecer no son una porción lo suficientemente rica para tu única alma. *Entonces, ¿a dónde debe ir un alma?*

Este es un mundo de historias; de historias duras, de corazones que mueren de mil maneras dolorosas, de un millón de historias baratas y mentirosas que luchan entre sí en una batalla encarnizada por las almas, dejando a innumerables almas como muertos vivientes. Solo hay una historia en todo el mundo que tiene palabras de vida eterna. Solo una historia es una historia llena de Espíritu. Solo una historia es una historia llena de maná para el alma. Solo una historia es una historia de amor que mata el tiempo y el pecado y enamora a las almas para siempre.

Sinceramente, ¿a quién iríamos sino al único que puede darnos un corazón nuevo y un Espíritu nuevo? ¿Qué otra cosa podría atraer y despertar corazones así? ¿A quién irías sino al único que te amó hasta la muerte y la resurrección a la vida verdadera; al único cuya pasión te salvó para que todas tus crisis en verdad se acabaran y estuvieras a salvo para siempre?

Un amor como el suyo nos une profundamente a él, lo cual une profundamente nuestro corazón roto en una mayor plenitud.

No todos los caminos conducen a Roma; hay un camino, y solo un camino, que conduce a la verdadera esperanza; su nombre es Jesús.

La vida es brutalmente dura. La única manera de tener lo que necesitas para sobreponerte a todo lo difícil es metabolizar todas las enseñanzas fortalecedoras, sobrenaturales, duras de Cristo y ser llena de Cristo mismo.

Porque resulta que, al final, la forma de saber que estás siguiendo a Jesús es que no vas a ningún otro lugar a buscar un camino para tu vida.

Toda peregrina genuina vive con la única brújula verdadera en el cosmos: Cristo.

Esta es la única peregrinación digna de tu tiempo y de tu vida. No hay ningún lugar en el universo al que podamos ir sino solo a Dios.

NOTAS PARA MI ALMA TRAS ESTA PEREGRINACIÓN AL CORAZÓN DE JESÚS:

NO HAY CONDENACIÓN

Pero Jesús se fue al monte de los Olivos. Al amanecer se presentó de nuevo en el Templo. Toda la gente se le acercó, y él se sentó a enseñarles. Entonces, los maestros de la Ley y los fariseos llevaron a una mujer sorprendida en adulterio y, poniéndola en medio del grupo, dijeron a Jesús:

—Maestro, a esta mujer se le ha sorprendido en el acto mismo de adulterio. En la Ley Moisés nos ordenó apedrear a tales mujeres. ¿Tú qué dices?

Con esta pregunta le estaban tendiendo una trampa, para tener de qué acusarlo. Pero Jesús se inclinó y con el dedo comenzó a escribir en el suelo. Y como ellos lo acosaban a preguntas, Jesús se incorporó y les dijo:

—Aquel de ustedes que esté libre de pecado, que tire la primera piedra.

E inclinándose de nuevo, siguió escribiendo en el suelo. Al oír esto, se fueron retirando uno tras otro, comenzando por los más viejos, hasta dejar a Jesús solo con la mujer, que aún seguía allí. Entonces él se incorporó y le preguntó:

—Mujer, ¿dónde están? ¿Ya nadie te condena?

—Nadie, Señor.

Jesús dijo:

—Tampoco yo te condeno. Ahora vete, y no vuelvas a pecar.

JUAN 8:1-11

Día *15: «Tampoco yo te condeno». Juan 8:11*

NO HAY CONDENACIÓN.

Estas palabras hacen eco en las paredes de los pozos más profundos, directamente a través del universo, desde la misma sala del trono del corazón de Dios, haciendo temblar tu corazón para despertarlo.

No hay condenación aunque eres culpable de la cosa oculta, de la cosa no hablada, de orgullo, de chismes, de aquello que sigues haciendo una y otra vez, de aquello por lo cual harías cualquier cosa para retractarte y tener otra oportunidad, de la cosa acerca de ti que nunca compartirías en ninguna mesa, desde ningún micrófono ni en ningún titular. Aunque haya personas a quienes terminaste fallando, no hay condenación. A pesar de las heridas que causaste y del daño que hiciste sin querer, a pesar de todas esas cosas que desearías con desesperación poder deshacer, no hay condenación.

«Por lo tanto, ya no hay ninguna condenación para los que están en Cristo Jesús», porque el amor de tu vida, Jesús, toma toda la condenación sobre sí mismo (Romanos 8:1).

Estas siete palabras: «Ustedes son culpables, pero no hay condenación» son la perfección del evangelio. Escríbelas en las paredes de tu cerebro, a lo largo de tu frente, para que las veas en todos los espejos en los que te mires.

Lo que la mujer envuelta en sábanas no sabía era que los fariseos y los maestros de la ley estaban a punto de atraparla, que le tenderían una trampa para sorprenderla en adulterio.

Para acusar a alguien de adulterio, la regla era tal que no podía haber absolutamente ninguna presunción, insinuación ni duda; uno tenía que ser sorprendido en el acto físico. Pero solo a ella se le cerró la trampa, no al hombre enredado en las sábanas junto con ella. Solo ella fue arrastrada fuera de la cama y humillada en público, envuelta en una maraña de vergüenza. Ese mismo verbo, *sorprendida*, en el griego original indica «tomada con su vergüenza sobre ella»[1]. La vergüenza se hincha en aislamiento, se hace más y más grande cuando vive sola. Y cuando la vergüenza está sobre ti, no puedes recordar que Su gracia podría estar sobre ti, que la gracia siempre viene a tu encuentro, que la gracia nunca quiere abandonarte. La vergüenza devora con avidez cualquier esperanza de poder cambiar, mientras que la gracia sigue ofreciendo un festín de esperanza y dice: «Ven, come».

Cuando esta mujer fue arrojada delante de Dios, la Palabra no dijo nada, sino que se inclinó hacia el polvo como lo hizo al principio de nuestro Edén, cuando con un beso dio vida al polvo. Y con el mismo dedo que esculpió estrellas de la nada, allí, en la tierra, la Palabra escribió palabras. Esta es la única vez que se registra a Jesús escribiendo.

«En la historia de la mujer sorprendida en adulterio se nos dice que Cristo se inclinó y garabateó en el polvo con su dedo —escribe C. S. Lewis—. De esto no surge nada. Nadie ha basado nunca ninguna doctrina sobre eso. Y el arte de inventar pequeños detalles irrelevantes para hacer más convincente una escena imaginaria es un arte puramente moderno. Sin lugar a dudas la única explicación de este pasaje es que la cosa realmente sucedió. El autor lo incluyó simplemente porque lo había *visto*»[2]. Nadie sabe lo que Jesús escribió en el polvo, pero lo que sí sabemos es que esto sucedió, que hubo testigos oculares que vieron los dedos que hicieron los cielos grabando palabras en el polvo de esta tierra.

¿Es posible que Jesús garabateara en los gránulos los pecados cometidos por quienes acusaban a la mujer? ¿Fueron sus acusadores cortados hasta la médula por todos sus propios pecados mientras los dedos de Jesús cortaban el polvo?

«Que tire la primera piedra —dijo Jesús, enderezándose—. Solo asegúrense de que quien arroje esa piedra nunca haya hecho nada digno de que le arrojen una piedra».

¿No fue así en todas las épocas? El corazón siempre agranda los pecados en otro corazón mientras encoge el pecado en el propio.

Sin decir una palabra más, la Palabra se arrodilló y siguió garabateando en la arena. Uno por uno los acusadores de la mujer se desvanecieron; un dominó de orgullo y poder derribado.

La mujer miró a su alrededor. La mujer bajó la mirada. El tierno rostro de Jesús, con sus ojos compasivos escudriñando los de ella, estaba debajo de ella.

El Dios de los cielos se rebajó para ser el piso del amor bajo tu vergüenza, la seguridad del amor bajo tu humillación, el amor que va más abajo que tu bajeza más devastadora.

Donde sea que nos encontremos, Dios desciende para levantarnos el mentón, quien recoge nuestras lágrimas; los brazos amorosos debajo de nosotras, sosteniéndonos y llevándonos adelante.

Jesús sostiene tu historia en manos amables porque nunca deja de mantener tu necesidad de amabilidad en el centro de su consciencia.

Sostiene nuestros ojos, sostiene nuestra barbilla y nos susurra: «Tampoco yo te condeno» porque él carga con toda tu condenación.

Las piedras que deben arrojarte a ti; él las recibe.

Las flechas que deberían ir en tu contra... van en contra de él.

La vergüenza, la humillación, la culpa; él se las lleva todas. Porque toma todo lo que viene sobre ti.

He aquí el Cordero de Dios, quien quita los pecados del mundo para hacerse cargo de ti y reavivarte por amor.

Él es tu rescate, tu escudo, tu Cordero, tu amor sellado para siempre. Te besa con gracia y te dice: «Ahora vete, y no vuelvas a pecar».

Vete, y no vuelvas a pecar.

Entrando en las profundidades de su amor es la forma en que dejas atrás una vida de pecado.

Lo que transforma el corazón humano no es la vergüenza ni la culpa ni la ira ni las acusaciones ni los grandes esfuerzos ni un plan de autoayuda; lo que hace cambiar el corazón humano es simplemente para lo que está hecho el corazón humano: *el amor*.

Jesús sabe que es el amor perfecto el que echa fuera el temor, el amor perfecto el que echa fuera los deseos pecaminosos, el amor perfecto el que echa fuera los complejos, el amor perfecto el que echa fuera el pecado.

Este es el camino del amor vivificante de Dios: Jesús abrazó sin restricciones a las personas antes de que ellas abrazaran por completo el cambio.

El camino de Jesús es amar escandalosamente a las personas antes de que cambien sus caminos escandalosos.

El peregrinaje hacia una nueva forma de ser comienza, simplemente, encontrando formas de seguir mirándolo a los ojos.

NOTAS PARA MI ALMA TRAS ESTA PEREGRINACIÓN AL CORAZÓN DE JESÚS:

____

____

____

DONDE SEA

QUE NOS

ENCONTREMOS,

DIOS DESCIENDE

PARA

LEVANTARNOS

EL MENTÓN.

LA LUZ HA RESPLANDECIDO

Una vez más Jesús se dirigió a la gente y dijo:

—Yo soy la luz del mundo. El que me sigue no andará en oscuridad, sino que tendrá la luz de la vida.

—Tú te presentas como tu propio testigo —alegaron los fariseos—, así que tu testimonio no es válido.

—Aunque yo sea mi propio testigo —respondió Jesús—, mi testimonio es válido, porque sé de dónde he venido y a dónde voy. Pero ustedes no saben de dónde vengo ni a dónde voy. Ustedes juzgan según criterios humanos; yo, en cambio, no juzgo a nadie. Y si lo hago, mis juicios son válidos porque no los emito por mi cuenta, sino en unión con el Padre que me envió. En la Ley de ustedes está escrito que el testimonio de dos personas es válido. Yo soy testigo de mí mismo y el Padre que me envió también da testimonio de mí.

Ellos preguntaron:

—¿Dónde está tu padre?

Jesús respondió:

—Ustedes no me conocen a mí ni a mi Padre. Si me conocieran, también conocerían a mi Padre.

JUAN 8:12-19

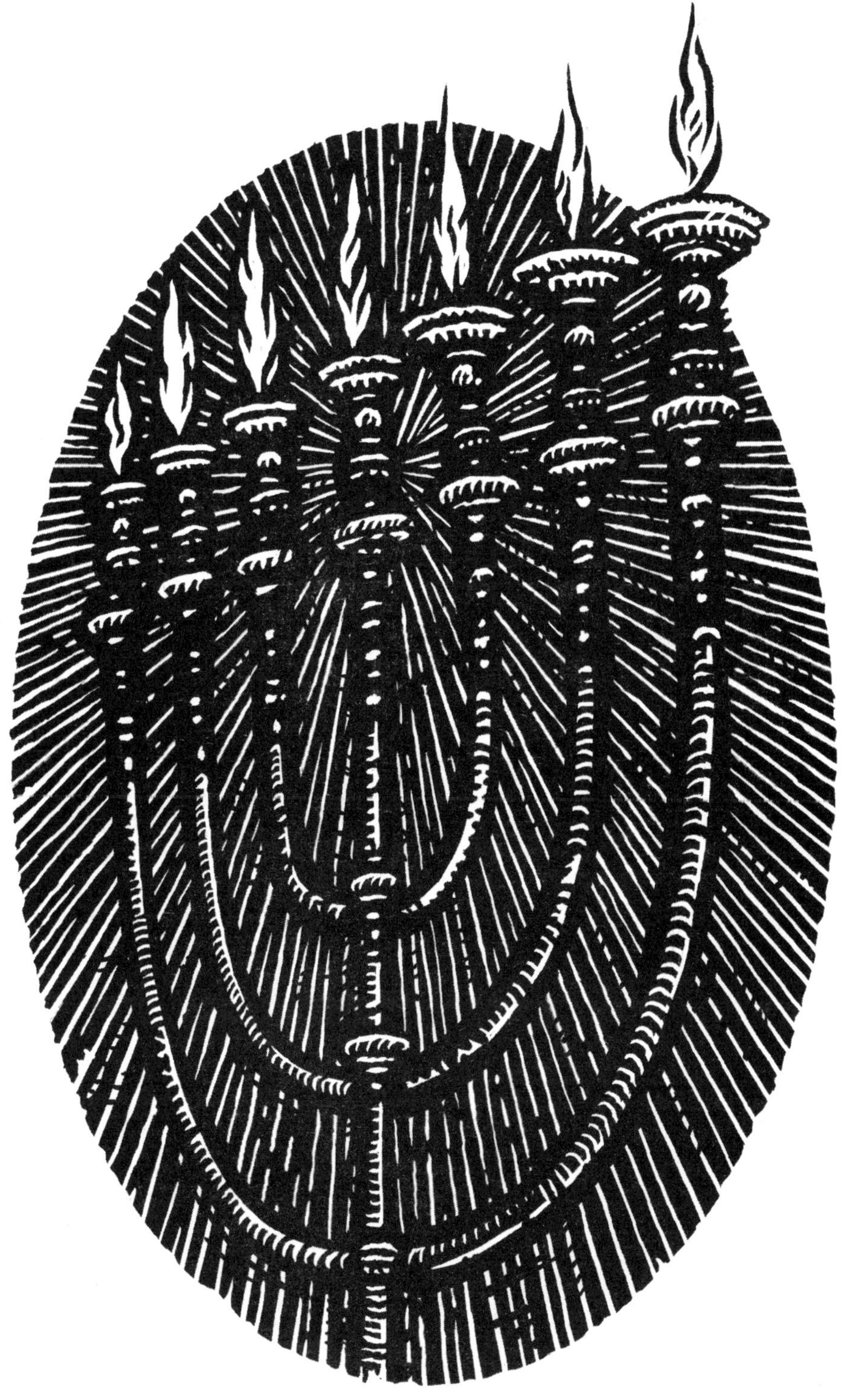

Día *16: «Yo soy la luz del mundo». Juan 8:12*

CUANDO ERAS NIÑA, es probable que tus primeras pesadillas te hayan hecho gritar y llorar de terror en la oscuridad total, anhelando que alguien encendiera la luz.

La luz no es una comodidad ligera o trillada.

La luz es una de nuestras primeras y más profundas necesidades.

Sin luz, no hay esperanza de vida en el interior. Si el sol se extinguiera en este instante, nuestro mundo tardaría ocho minutos y medio en quedar a oscuras por completo. En una semana de oscuridad, la temperatura promedio de la superficie de la Tierra caería por debajo de 0 °C, o -17 °C y, dentro de un año, la temperatura promedio de la superficie del planeta cubierto de hielo caería muy por debajo de -75 °C[1]. Podrías patinar a través del océano en la oscuridad espesa como la tinta. Ni una sola planta sobreviviría en ninguna parte de la roca glacial del planeta... tampoco ni un solo ser humano.

Nada es más importante para la vida en este planeta que la luz del cielo. Toda la vida viene de la luz.

La única manera de leer correctamente nuestra realidad, de entender dónde estamos paradas, es a través de la luz. Pregúntale a cualquiera que intente caminar por una habitación en medio de la noche.

La luz revela la verdad.

Después de ser interrumpido por aquellos que acusaron a la mujer sorprendida en adulterio —después de levantar su barbilla, levantar su vergüenza, levantar su carga de pecado—, Jesús se dio la vuelta y le enseñó la verdad de nuevo a la gente que celebraba el Festival de los Tabernáculos. Festival en el que celebraban el hecho de que Dios había provisto todo lo que necesitaban cuando vagaban por el desierto sin cosechas ni hogares ni mucha esperanza. Celebraban que, en medio de su oscuro desierto, Dios había venido como una columna de fuego. El pueblo de Dios nunca olvidaría, nunca dejaría de celebrar, el hecho de que había estado entre la espada y la pared: entre el agobio del ejército egipcio y el agobio de las olas del mar Rojo. Dios hizo añicos su oscuridad y entró como una torre resplandeciente de esperanza para iluminar el camino y guiarlos.

Ahora, durante los siete días del Festival de los Tabernáculos, el cual se celebraba durante la cosecha, el pueblo de Dios se reunía en el templo, noche tras noche, para una ceremonia conocida como la Iluminación del templo. En esa época era «costumbre durante la primera noche, e incluso durante todas las noches del Festival de los Tabernáculos, encender dos grandes candelabros de oro en el patio de las mujeres, cuya luz iluminaba toda Jerusalén»[2]. Y con los magníficos candelabros brillando y esparciendo luz parpadeante por todas las calles empedradas de Jerusalén, la orquesta del templo estallaba en música y el pueblo se arremolinaba en danza de adoración a través de la oscuridad iluminada por las antorchas.

Era la última noche del Festival de los Tabernáculos. Mientras los candelabros se iban apagando, la oscuridad volvía a crecer en el templo. La fría ausencia de la gloriosa luz de Dios se sentía no solo en los atrios del templo, sino también en los oscuros aposentos de cada corazón humano.

Entonces, Jesús pronunció estas palabras que sacudieron el cosmos, los atrios del templo y todos nuestros lugares oscuros y desesperanzados: «Yo soy la luz del mundo».

De pie allí, después de enfrentar a los acusadores que se oponían a él, después de oponerse a las tinieblas, después de cientos de años de sombras, la gloria misma inundó el Templo y llenó el mundo entero. Atravesando la oscuridad asfixiante de todas nuestras peores pesadillas, la Luz del mundo se encendió.

Sucedió exactamente como los profetas predijeron. El tono oscuro de la existencia de la humanidad se despertó en una ola de luz: «El pueblo que andaba en la oscuridad ha visto una gran luz; sobre los que vivían en tierra de sombra de muerte una luz ha resplandecido» (Isaías 9:2).

La Palabra que vino en la carne para morar entre nosotros es la luz del mundo. Aquel que dijo: «Yo Soy» y caminó a través del caos de las olas nocturnas es la luz del mundo. El Yo Soy, el Pan de vida que nos llena con la vitalidad misma de su vida, es la luz del mundo. ¿Cómo podemos ver la verdadera realidad espiritual? *Ven a ver a Jesús.*

La luz del mundo no es una mecha de vela en un túnel ni una estrella de lentejuelas que se convierte en el centro de atención y baila claqué para deslumbrar, sino que es la misma gloria de Dios que vino a inundar la tierra. Esta gloria entra en los recovecos más sombríos de nuestra desesperación y dolor con una luz que rompe toda la oscuridad, con una esperanza ardiente que nunca puede ser vencida por ninguna noticia, ninguna angustia, ninguna desesperanza, ninguna oscuridad de este mundo.

Solo por el hecho de que Jesús es la luz del mundo hemos reconocido las sombras, reconocido el mal, reconocido el sufrimiento, reconocido la oscuridad. Es solo cuando vemos la bondad real de la luz que podemos identificar lo que es una sombra, lo que es el mal, lo que es la oscuridad, lo que es el sufrimiento. Si no hubiéramos experimentado nunca la bondad de la luz, la oscuridad sería simplemente la realidad de nuestra existencia.

Cristo es la única luz verdadera del mundo; él es la luz que ilumina las mentiras, la luz verdadera que devela la verdad, la única guía para iluminar el camino. Aquel que es la luz del mundo es el único Camino, la única Verdad, la única Vida.

La Luz del mundo nos revela que con él no hay término medio. Con la luz que refleja la luna, todo se tambalea. Solo cuando te vuelves a Jesús, sientes el calor del sol.

Al comienzo del Festival de los Tabernáculos, Jesús subió a la ladera de una montaña y su rostro brilló como el sol radiante en la oscuridad. Los discípulos se despertaron para presenciar a un Jesús resplandeciente, iluminado como un relámpago, que hablaba con Moisés y Elías sobre lo que el griego original describe como nada menos que el «éxodo» de Jesús (Lucas 9:31).

Jesús es el éxodo.

Jesús, quien subiría a la cruz del calvario, es la columna de fuego que bajó para ser nuestra única salida. Jesús, encendido como el fuego que ardía a través de las olas del mar Rojo, es la antorcha que hace posible el éxodo de nuestra esclavitud hacia el paraíso de su presencia.

Así como no hay vida sin la luz, no hay amor sin la luz. En realidad podemos vivir la vida plena solo porque Cristo ilumina cada día al máximo. Solo cuando Dios es tu luz, tu alma crece final y completamente. Cuando escondes partes de tu corazón en la oscuridad, bailas con el diablo. Pero eres reavivada por el amor cuando traes todo tu ser a la luz. Cuando vives en la luz de Cristo, al fin puedes vivir completamente despierta: despierta a su pasión, despierta a su amor, despierta a su justicia, despierta a sus caminos.

Ahora la luz del mundo se inclina cerca de tu corazón mientras susurra: *Estás aquí para ser una mecha encendida en la oscuridad; estás aquí para ser una antorcha encendida por la única Luz del mundo* (Mateo 5:14). La luz que llevamos deriva de su luz divina. La única manera de no ser parte de la oscuridad es dejarse encender por Cristo.

Así que la luz de Jesús encuentra tus ojos y afirma: «El que me sigue no andará en oscuridad, sino que tendrá la luz de la vida». Deja que Cristo viva en tu interior y, tal vez, todas las demás luces se apaguen. Cuando vives en Cristo, hay una bola de luz ardiente dentro de ti que nunca se apaga.

Como dice el predicador Spurgeon: «Si un hombre pudiera viajar tan rápido como para seguir al sol, por supuesto, siempre estaría en la luz. Si llegara el día en el que la velocidad del ferrocarril fuera igual a la velocidad del movimiento del mundo, un hombre podría vivir de tal manera que nunca perdiera la luz. Ahora bien, quien sigue a Cristo nunca andará en tinieblas»[3].

Cuando tu mirada es golpeada por la luz de Cristo, todo lo que ves a tu alrededor es Jesús: solo ves la *imago Dei*, el rostro de Dios, en quienes te rodean y, a la vez, quienes te rodean ven la luz de Cristo en ti.

Aquí hay un verdadero consuelo: cuando vives en la luz de Cristo, nunca llegas al final de la luz. Cuando entras en la oscuridad de lo desconocido, la fe es saber que la luz de Cristo sigue guiando cada uno de tus pasos.

Esta es la peregrinación: sigue acercándote a la luz de Cristo y no te resistas. Deja que él, la Luz verdadera, siga acercándose a ti, y no te alejes ni te dejes atraer a la oscuridad por amores menores y falsas luces que no satisfacen.

Puedes temer a lo desconocido en la oscuridad, pero hay una Luz en la oscuridad que te conoce y conoce el camino; así que acércate a su calidez.

NOTAS PARA MI ALMA TRAS ESTA PEREGRINACIÓN AL CORAZÓN DE JESÚS:

¿POR QUÉ TÚ?

A su paso, Jesús vio a un hombre que era ciego de nacimiento. Y sus discípulos preguntaron:

—Rabí, para que este hombre haya nacido ciego, ¿quién pecó, él o sus padres?

—No está así debido a sus pecados ni a los de sus padres —respondió Jesús—, sino que esto sucedió para que la obra de Dios se hiciera evidente en su vida. Mientras sea de día, tenemos que llevar a cabo la obra del que me envió. Viene la noche cuando nadie puede trabajar. Mientras esté yo en el mundo, luz soy del mundo.

Dicho esto, escupió en el suelo, hizo barro con la saliva y se lo untó en los ojos al ciego, diciéndole:

—Ve y lávate en el estanque de Siloé (que significa «Enviado»).

El ciego fue y se lavó, entonces al volver ya veía.

Sus vecinos y los que lo habían visto pedir limosna decían: «¿No es este el que se sienta a mendigar?». Unos aseguraban: «Sí, es él». Otros decían: «No es él, sino que se le parece». Pero él insistía: «Soy yo».

—¿Cómo entonces se te han abierto los ojos? —le preguntaron.

Y él respondió:

Día *17: «Sino que esto sucedió para que la obra de Dios se hiciera evidente en su vida». Juan 9:3*

—Ese hombre que se llama Jesús hizo un poco de barro, me lo untó en los ojos y me dijo: «Ve y lávate en Siloé». Así que fui, me lavé y entonces pude ver.

—¿Y dónde está ese hombre? —le preguntaron.

—No lo sé —respondió.

JUAN 9:1-12

¿POR QUÉ TÚ?

¿Por qué tu familia? ¿Por qué tu historia? ¿Por qué un buen Dios permitiría que ese cáncer arrasara ese cuerpo? ¿Por qué un buen Dios apagaría ese sueño que recién empieza? ¿Por qué un buen Dios dejaría que ese accidente destrozara todo tu mundo, de tal modo que fuera imposible volver a juntar las piezas?

¿Por qué la vida es brutalmente agobiante y, luego, en un parpadeo se acaba?

El quebrantamiento de espíritu es una realidad del corazón humano en un mundo arruinado por el pecado.

De todas las preguntas y búsquedas para encontrar la respuesta a las preguntas sobre el dolor y el sufrimiento, lo que emerge son dos esquemas: el esquema de la culpa y el esquema de la vergüenza.

El esquema de la culpa busca responder al problema del dolor haciendo las siguientes preguntas: ¿Fueron sus padres disfuncionales? ¿Fue un Dios malvado? ¿Fueron los poderes negligentes y opresivos? ¿Quién tiene la culpa del dolor de este sufrimiento?

Dondequiera que vaya el dolor, la culpa siempre acecha muy de cerca.

Para quienes afirmamos seguir a Jesús, que llevamos toda nuestra culpa a la cruz, puede ser tentador dejar caer nuestra cruz y trasladar toda la culpa de nuevo a Dios. Puede ser fácil vivir como si hubiéramos hecho un trato con Dios, como si nos hubiera inscripto para portarnos bien a cambio de que nada malo nos suceda. Así que, cuando la vida toma un giro y nos lastima, estamos listas para abandonar y largarnos porque Dios no cumplió su parte del trato. Es dolorosamente tentador convertir al Cordero de Dios en chivo expiatorio.

Por su parte, el esquema de la vergüenza cambia los términos: desplaza las preguntas sobre a quién se debe culpar y determina que debes asumir toda la vergüenza en tu interior: ¿Me equivoqué tanto para merecer esto? ¿Hice tan mal las cosas? ¿En qué fallé? ¿Qué tan mala soy para que las cosas vayan tan mal?

Todo lo que comienza con vergüenza y termina en devastación del alma.

Detrás de cada pregunta que dice: «¿Por qué hay dolor y sufrimiento?» —la cual subyace a nuestro esquema de culpa o vergüenza— está el clamor del corazón: «Oh, Dios, estás en deuda conmigo».

El asunto del dolor y el sufrimiento, a fin de cuentas, se convierte en un problema si no crees que un Dios bueno en realidad cumplió con lo que nos debe. *Oh, Dios, me diste la vida y este momento, el aliento y el latido del corazón, pero me debes una mejor versión de mí misma; me debes más alivio, más días sin preocupaciones; me debes mi vida, hecha a mi medida.*

¿Qué pasaría si pudiéramos cambiar los gritos del corazón en medio de la noche de «¡Oh, Dios, me debes!» a «Oh, amor, ¡cuánto me amas!»?

¿Es posible que siempre, siempre, siempre haya algo de amor de Dios en todo lo que nos sucede?

Si bien es muy humano sentarse con el dolor más profundo del sufrimiento y sentir que Dios no se sienta a tu lado a consolarte, hay una manera de despertar a un suave círculo de consuelo que te rodea, te abraza y susurra con ternura amor a tu corazón.

Si tu dolor te lleva a determinar que de seguro no hay Dios algún, ¿estás consciente de que borrar a Dios ni resuelve ni borra ningún sufrimiento? Lo único que hace es borrar toda esperanza.

Preguntar por qué hay sufrimiento es hacer una pregunta moral que da por sentado que hay una ley natural que define algo como malo. Pero si no hay Dios, nada es malo y nada es en realidad sufrimiento; simplemente se trata de la supervivencia del más apto, y eso es todo lo que es. Solo puedes hacer la pregunta moral sobre el sufrimiento y el mal si en realidad crees que hay un ser moral detrás del universo a quien preguntar. Tu corazón solo cree que debería haber justicia si tu corazón en realidad cree que este universo fue hecho para ser justo, que hay un Creador detrás del universo que es justo.

Los discípulos, con sus esquemas de culpa y vergüenza, miraron al hombre ciego de nacimiento y le preguntaron a ese mismo hacedor del universo: «Rabí, para que esté hombre haya nacido ciego, ¿quién pecó, él o sus padres?».

La pregunta sobre el dolor fue lanzada delante de Dios en la carne: ¿Era culpa? O ¿era vergüenza? Solo dinos *qué*.

«No está así debido a sus pecados ni a los de sus padres, respondió Jesús».

¿Y si Jesús respondió «ninguna de las dos» porque es una pregunta simplista y mal orientada? ¿Y si la pregunta no estuviera tan orientada hacia «¿por qué este sufrimiento?», sino hacia «¿quién es soberano sobre este sufrimiento?».

Conocer el corazón de Dios es lo que comienza a reparar nuestra angustia.

Cuando recordamos quién reina a fin de cuentas sobre nuestro sufrimiento, el porqué de nuestro sufrimiento al fin se desvanece. Porque nuestro Dios es a la vez el Señor soberano y el amor más seguro, es Rey y es bondadoso. La presencia de Dios no es solo amorosa; su esencia misma es el Amor. El amor es lo que él es. En definitiva, lo que nos cambia para que no queramos tener una sesión de preguntas y respuestas con Dios acerca de nuestro dolor es ver que el Amor es el ADN de Dios.

En definitiva, solo tenemos una crisis. Nuestra única crisis es la crisis del alma. ¿Será nuestra alma abandonada para siempre o estará segura y será amada para siempre? Cuando sabemos que en verdad estamos seguras en su gran amor por siempre, nos damos cuenta de que nuestra mayor crisis ya terminó. Gracias a la cruz de Cristo, nuestra única crisis, la crisis del alma, terminó.

Cuando respondes a cada uno de tus porqués con *quién*, ves lo que en definitiva importa y cómo todo se corregirá al final.

«No está así debido a sus pecados ni a los de sus padres —respondió Jesús—, sino que esto sucedió para que»...

Antes de terminar la frase, dijo dos palabras que explicaban la razón o el significado de este sufrimiento, dijo dos palabras que deben seguir a cada ápice de sufrimiento.

Para que.

Este sufrimiento sucedió... *para que.*

El sufrimiento nunca es sin sentido, inútil y sin propósito. El sufrimiento es *para que.* Todo sufrimiento tiene el significado de un *para que.*

Dios no hizo el mundo para que haya dolor. Cuando un mundo quebrantado nos rompe el corazón, Dios obra a través de ese dolor para que haya un propósito incluso en todo el tierno misterio, para que siempre haya poesía en su presencia íntima, para que su amor apasionado nos ame de tal manera que tengamos una vida de significado más profundo, en medio del dolor.

«Sino que esto sucedió para que la obra de Dios se hiciera evidente en su vida».

La mejor respuesta al problema del dolor no es ni la culpa ni la vergüenza, sino entrar en el misterio de todo ello: el misterio que hace que todo gire en torno a la manifestación de la gloria de Dios.

¿Y si el sufrimiento no fuera una pregunta a resolver, sino una búsqueda para que demostremos amor? «El sufrimiento es nuestro, no para especular, sino para realizar actos de misericordia y amor, de acuerdo con el tono del evangelio. Seamos, pues, menos inquisitivos y más prácticos», escribe el teólogo Spurgeon[1].

¿Qué pasaría si estuviéramos menos involucradas con los intentos interminables de romper algunos núcleos doctrinales para encontrar las respuestas al sufrimiento y más con el misterio de vivir quebrantadas y rendidas para que más personas prueben el Pan de vida y el profundo consuelo del Amor verdadero? ¿No es eso de lo que todas las valientes de corazón y las que sufren están en realidad más hambrientas?

En medio de cada momento de nuestro sufrimiento, Jesús viene y nos dice: «Yo Soy», Yo estoy *aquí, aquí mismo.* Nuestro sufrimiento le rompe el corazón a Jesús tan profundamente que vino a la Tierra para entrar directamente en nuestro corazón agrietado con el fin de unirse a nosotras en el sufrimiento, para asumir el sufrimiento. Todo el sufrimiento a lo largo de tu historia es la causa de que Jesús haya entrado en la historia para llevarlo todo a la cruz. Jesús vino con el propósito de comenzar a revolucionar y a devolver el orden del cosmos, marcando el comienzo del reino de Dios que, incluso ahora, comenzó a deshacer toda la tristeza y a hacer que nuestro sufrimiento sea solo una parte, y no el final, de la historia. Él ve tu sufrimiento, y no se sienta a esperar; es tu crisis lo que lo lleva a la cruz. Su amor siempre se apresura a sostener tu lamento.

Aquí, en la peregrinación, es donde tus ojos pueden mirar hacia su amor que se extiende ampliamente hacia ti en la cruz. Quienes fuimos ciegas en verdad podemos ver ahora. El amor en sus ojos encuentra los nuestros, y habla a lo más profundo de nuestra alma, amándonos para que llevemos una clase de vida más plena: «Aunque era Hijo, mediante el sufrimiento aprendió a obedecer» (Hebreos 5:8).

El corazón humano fue hecho para encontrarse con el suyo, no con un porqué, sino con las manos, los brazos y el corazón abiertos de par en par y el latido confiado y constante: «Pero no sea lo que yo quiero, sino lo que quieres tú» (Mateo 26:39).

Esta peregrinación a la vida verdadera siempre se apoya en la cadencia de la confianza.

NOTAS PARA MI ALMA TRAS ESTA PEREGRINACIÓN AL CORAZÓN DE JESÚS:

ÉL VE TU
SUFRIMIENTO, Y NO SE
SIENTA A ESPERAR;
ES TU CRISIS LO QUE
LO LLEVA A LA CRUZ.
SU AMOR SIEMPRE
SE APRESURA
A SOSTENER TU
LAMENTO.

CONOCIDA

Les aseguro que el que no entra por la puerta al redil de las ovejas, sino que trepa y se mete por otro lado, es un ladrón y un bandido. El que entra por la puerta es el pastor de las ovejas. El portero le abre la puerta y las ovejas oyen su voz. Llama por nombre a las ovejas y las saca del redil. Cuando ya ha sacado a todas las que son suyas, va delante de ellas y las ovejas lo siguen porque reconocen su voz. Pero jamás seguirán a un desconocido; más bien, huirán de él porque no reconocen la voz del extraño.

Jesús les puso este ejemplo, pero ellos no captaron el sentido de sus palabras. Por eso volvió a afirmar: «Les aseguro que yo soy la puerta de las ovejas. Todos los que vinieron antes de mí eran unos ladrones y unos bandidos, pero las ovejas no les hicieron caso. Yo soy la puerta; el que entre por esta puerta, que soy yo, será salvo. Podrá entrar y salir con libertad y hallará pastos. El ladrón no viene más que a robar, matar y destruir; yo he venido para que tengan vida y la tengan en abundancia.

Yo soy el buen pastor. El buen pastor da su vida por las ovejas. El asalariado no es el pastor, y a él no le pertenecen las ovejas. Cuando ve que el lobo se acerca, abandona las ovejas y huye; entonces el lobo ataca al rebaño y lo dispersa. Y ese hombre huye porque es un asalariado, no le importan las ovejas.

Día *18: «Les aseguro que yo soy la puerta de las ovejas». Juan 10:7*

Yo soy el buen pastor; conozco a mis ovejas y ellas me conocen a mí, así como el Padre me conoce y yo lo conozco, y doy mi vida por las ovejas. Tengo otras ovejas que no son de este redil y también a ellas debo traerlas. Así ellas escucharán mi voz y habrá un solo rebaño y un solo pastor. Por eso me ama el Padre: porque entrego mi vida para volver a recibirla. Nadie me la arrebata, sino que yo la entrego por mi propia voluntad. Tengo autoridad para entregarla y tengo también autoridad para volver a recibirla. Este es el mandamiento que recibí de mi Padre».

JUAN 10:1-18

TE CONOCE PROFUNDAMENTE... *Y no estás sola.*

La forma en que tus pensamientos serpentean a través de la materia neuronal de tu mente; la forma en que tus esperanzas palpitan a través de las cámaras de tu corazón; la forma en que decides; la forma en que eres tentada; la forma en que anhelas; la forma en que sueñas; la forma en que te inclinas; la forma en que tropiezas... te conoce. Así como el Dios trino conocía a la mujer samaritana que encontró cerca del pozo, y así como sabía con quién había estado ella y todo lo que había hecho, Jesús nos conoce por completo. Jesús conoce íntimamente a sus ovejas; no simplemente como una más del rebaño colectivo ni como una cadena de dígitos sin rostro ni como una marca simbólica en el trasero, sino psicológicamente, emocionalmente, intelectualmente, espiritualmente; por nombre real y único.

El Creador de la Vía Láctea conoce tu nombre; te llama por tu nombre. Tu nombre está en sus labios.

¿Cómo evitar que el corazón estalle en una supernova de alegría?

Cuando Jesús pronuncia las siete grandes afirmaciones «Yo soy» en el libro de Juan, las primeras no son particularmente relacionales. Son profundamente provisionales: «Yo soy el pan», «Yo soy la luz», «Yo soy la puerta». Pero cuando Jesús se da la vuelta y revela su corazón con las palabras: «Yo soy el buen pastor», el gran Yo Soy, la Palabra, revela más acerca de lo que siente relacionalmente por ti.

Él sabe que te sientes como si fueras la única que se equivoca así y que sigues tratando de enmascarar las formas en que fallas. Él es el omnisciente que ve cada momento del futuro, cada uno de tus fracasos, cada caída y cada fractura del corazón que se avecina. Aun así, sigue viniendo a amarte hasta lo más profundo para que tengas la vida abundante. Solo cuando aceptas honestamente que eres mucho peor de lo que esperabas, puedes mirar a la cruz y aceptar cuánto vales honestamente para él, así como lo que él vale honestamente para ti.

Lo que sea que hayas hecho nunca te llevará a deshacer el amor de Dios por ti. Jesús sigue buscando tus ojos, levantando sus manos llenas de cicatrices para que le creas: «Conozco a mis ovejas y ellas me conocen a mí». No importa la historia dolorosa de tu vida. Jesús da su vida por ti apasionadamente para volver a contar y restaurar la historia de tu vida. Jesús es tu único y verdadero amor que, a pesar de que sabe todo lo que sucede en tu corazón, nunca te abandona. El Pastor que conoce todo de ti no hace nada menos que darse totalmente por ti. Por lo tanto, tu valor está clavado para siempre en la cruz. El Dios que hizo girar galaxias enteras con el timbre de su voz atesora la comunión íntima contigo por encima de todo. «En latín, la palabra para dinero es similar a la palabra "oveja" porque, para muchos de los primeros romanos, la lana era su riqueza, y sus fortunas estaban en sus rebaños. El Señor Jesús es nuestro Pastor: nosotros somos su riqueza», escribe el sabio teólogo Charles Spurgeon[1].

Lo que cambia grandemente tu corazón es ver que tu corazón es el tesoro más grande del Pastor.

Eres de un valor tan incalculable para Jesús, quien entrega su vida incalculablemente digna por ti. Cuando los lobos vienen a robar, matar o destruir a sus ovejas, Jesús se convierte en un cordero y se ofrece a sí mismo. «Como cordero fue llevado al matadero, como oveja que enmudece ante su trasquilador, ni siquiera abrió su boca» (Isaías 53:7). Los lobos pueden rodearte, pero Jesús se convierte en el cordero en lugar de ti para protegerte. Una manada de desesperanza puede acechar, pero Jesús se entrega como un cordero por ti para preservarte. Jesús muere y entrega su corazón a cambio del tuyo para que tu corazón pueda latir para siempre.

Incluso en medio de todo lo que está brutalmente mal en tu interior, lo que hay en tu corazón es tan indescriptiblemente hermoso para Jesús que murió por voluntad propia una muerte indescriptiblemente brutal para salvarlo. La santidad de Dios lo obligó a ir a la cruz. La justicia de Dios lo llevó a recibir los clavos. Y fue la pasión de Dios por ti lo que lo mantuvo allí para que pudieras estar en su compañía por toda la eternidad.

Jesús hace mucho más que salvarte de la desesperanza; Jesús te salva para sí mismo. Jesús todavía se está dando a sí mismo por ti. Ni por un momento, ni siquiera ahora, Jesús dejó de dar su vida por ti. «Por eso también puede salvar por completo a los que por medio de él se acercan a Dios, ya que vive siempre para interceder por ellos» (Hebreos 7:25). Jesús vive para ser un guerrero por ti, para interceder por ti, para abogar por ti, para orar por ti. Gracias a que Dios enfrentó la peor muerte por ti, nunca enfrentas un día sin esperanza, una decisión sin esperanza ni una muerte sin esperanza. Él vive sin cesar para entregarse a sí mismo sin cesar por ti, con el propósito de rescatarte. Si Jesús todavía vive para ti, ¿qué podría impedirte vivir para él?

Este es un mundo lleno de ruidos y voces, todo tipo de parlantes amplificados, pero sabes que eres suya porque «llama por nombre a las ovejas y las saca del redil. Cuando ya ha sacado a todas las que son suyas, va delante de ellas y las ovejas lo siguen porque reconocen su voz». Incluso ahora, es su voz la que conmueve tu alma, su pastoreo el que te sigue guiando, su Palabra la que te sigue cortejando a la vida más plena, y solo su vida la que te da vida.

No necesitas abundancia de días ni abundancia de salud ni riqueza ni abundancia de poder, prosperidad o perfección para tener una vida abundante. La vida abundante no tiene nada que ver con cuánto tienes o cuánto sabes, sino con a quién conoces y cuán íntimamente lo conoces. Es decir: la única llave para abrir la vida abundante es conocer íntimamente a Dios.

La vida abundante no es tener todo lo que quieres en la vida, sino disfrutar en abundancia de la vida que tienes en Dios y querer estar más con él.

Conocer a Dios y ser conocida por Dios es vivir la vida más satisfactoria que jamás podrías imaginarte. El timbre de su voz estabiliza la incertidumbre de tu alma; y la suavidad de tu nombre en sus labios te llama a salir de toda sombra que hayas conocido.

Cuando escuchas su voz, se espera que no quieras nada más que seguirlo.

De eso se trata la vida abundante, y la vida abundante es todo. Cada vez que el enemigo del alma sisea que estás muy atrasada, puedes exhalar y decir: «Por supuesto, estoy atrasada, pero Jesús me está guiando. Por lo tanto, sé sin lugar a duda que voy por el camino correcto y justo a tiempo, porque mi corazón está en sintonía con el suyo».

Él te guía de manera personal porque busca nada menos que una relación personal contigo. Este es un asombro profundo, una verdad suave: «Porque todos los que son guiados por el Espíritu de Dios, estos son hijos de Dios» (Romanos 8:14, RVR60). Jesús no te ama para tener una relación comercial, transaccional; no te ama para tener una relación de amistad educada, no te ama para tener una relación superficial, tibia y apática. Te ama hasta la muerte y la resurrección a la clase de vida más abundante para que tengas una relación de comunión íntima con él, quien satisface en abundancia todas tus necesidades. *Jesús es amor y el Amor mismo quiere vivir dentro de ti; ser tu misma vida interior.*

El Cordero de Dios te protege porque le perteneces y se convierte en tu cordero de sacrificio para cada lobo que te acecha en las sombras. Luego, se levanta como el Buen Pastor para proveerte todo lo que necesitas para una vida abundante en él, con el propósito de llevarte a salvo a casa durante todo tu peregrinar.

El Buen Pastor cree que vales todo para él.

A cada paso de la peregrinación puedes escuchar su voz preguntando: *¿Valgo todo para ti?*

NOTAS PARA MI ALMA TRAS ESTA PEREGRINACIÓN AL CORAZÓN DE JESÚS:

UNO

El Padre y yo somos uno.

Una vez más los judíos tomaron piedras para arrojárselas, pero Jesús les dijo:

—Yo les he mostrado muchas buenas obras que proceden del Padre. ¿Por cuál de ellas me quieren apedrear?

Ellos respondieron:

—No te apedreamos por ninguna de ellas, sino por blasfemia; porque tú, siendo hombre, te haces pasar por Dios.

—¿Y acaso —respondió Jesús— no está escrito en su Ley: "Yo les he dicho: 'Ustedes son dioses'"? Si Dios llamó "dioses" a aquellos para quienes vino la palabra (y la Escritura no puede ser quebrantada), ¿por qué acusan de blasfemia a quien el Padre santificó para sí y envió al mundo? ¿Tan solo porque dijo: "Yo soy el Hijo de Dios"? Si no hago las obras de mi Padre, no me crean. Pero aunque no me crean a mí, si las hago, crean a mis obras, para que sepan y entiendan que el Padre está en mí y que yo estoy en el Padre.

Nuevamente intentaron arrestarlo, pero él se les escapó de las manos.

Volvió Jesús al otro lado del Jordán, al lugar donde Juan había estado bautizando antes; y allí se quedó. Mucha gente acudía a él, y decía: «Aunque Juan nunca hizo ninguna señal milagrosa, todo lo que dijo acerca de este hombre era verdad». Y muchos en aquel lugar creyeron en Jesús.

JUAN 10:30-42

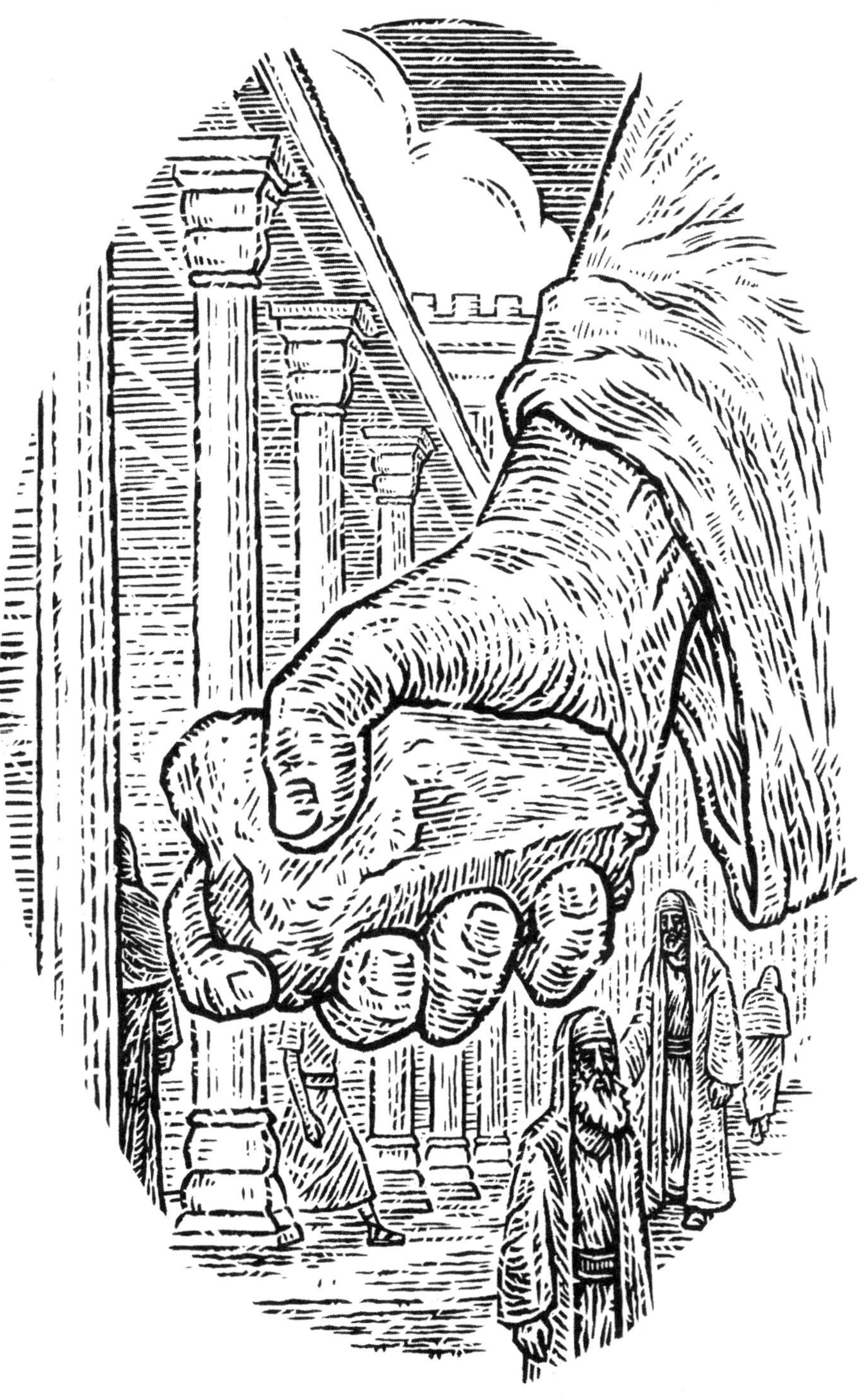

Día *19: «El Padre y yo somos uno». Juan 10:30*

CONOCES EL DOLOR que provoca que alguien no cumpla su palabra.

Conoces el dolor que causa que alguien rompa su promesa y la confianza que se rompa.

También puedes dar testimonio de esto: incluso los corazones rotos en mil pedazos pueden seguir latiendo y amando.

Aquellos líderes presuntuosos y seguros de sí mismos de la época de Jesús ya habían escuchado suficiente. Jesús, el hombre de Nazaret, había estado proclamando: «Yo soy el pan, yo soy la luz del mundo, yo soy el Buen Pastor, yo soy la puerta» como si fuera Dios mismo, el gran Yo Soy; como si el Rey cósmico, que está más allá de nuestro alcance, en realidad se hubiera convertido en uno de nosotros para alcanzarnos y tocarnos. ¿Quién se creía que era este Jesús?

Ahora se atrevía a decir: «El Padre y yo somos uno».

En el griego, se lee «uno», no en masculino —lo cual hubiera significado «una persona»—, sino en género neutro, lo cual significa que Jesús y Dios son uno en «esencia»[1]. Uno en unidad, en propósito, en corazón, en naturaleza, en intención, en poder. Jesús y Dios son uno; y Jesús es Dios en la carne. En esencia, el Dios de las estrellas explosivas se metió en la piel humana; el infinito se hizo humano. La Palabra que exhaló galaxias habló en el planeta Tierra y reclamó para sí mismo deidad, divinidad y supremacía absoluta.

Los líderes de la época estaban furiosos. Pero la deidad de Jesús no es una noticia nueva: «En el principio ya existía el Verbo, y el Verbo estaba con Dios, y el Verbo era Dios. [...] Y el Verbo se hizo hombre y habitó entre nosotros» (Juan 1:1, 14). La Trinidad puede ser un misterio, pero Jesús siempre tuvo en claro que él es Dios, el gran Yo Soy: «Jesús afirmó: "Les aseguro que, antes de que Abraham naciera, ¡yo soy!"» (Juan 8:58).

Esta no es la primera ocasión en que los líderes se enceguecieron de furia por las proclamaciones de Jesús acerca de quién es él: «Así que los judíos redoblaban sus esfuerzos para matarlo, pues no solo quebrantaba el sábado, sino que incluso decía que Dios era su propio Padre, con lo que él mismo se hacía igual a Dios» (Juan 5:18).

Jesús, al mismo tiempo que abrazaba por completo su humanidad, afirmaba plenamente su deidad, su autoridad y su completa soberanía. Él es único en toda la historia:

- *Único en entidad:* Nadie más que Jesús ha sido jamás Dios y humano (Juan 10:30).
- *Único en profecía:* Ninguna vida, excepto la de Jesús fue profetizada de manera tan clara y precisa (Miqueas 5:2).
- *Único en responsabilidad:* Nadie más que Jesús vino a salvar a toda la humanidad (Mateo 1:21).
- *Único en nacimiento:* Nadie más que Jesús nació de una mujer de virginidad absoluta (Mateo 1:23).
- *Único en capacidad:* Nadie más que Jesús tiene el poder de perdonar la inmoralidad y la iniquidad (Marcos 2:10).
- *Único en existencia:* Nadie más que Jesús existió antes de la cronología del tiempo (Juan 1:1-2).
- *Único en igualdad:* Nadie más que Jesús experimentó igualdad con Dios (Filipenses 2:5-6).
- *Único en soberanía:* Nadie más que Jesús reina soberano por toda la eternidad (Hebreos 1:8).

Debido a que Jesús es único en toda la historia, la adoración apasionada a él no debe ser excepcional; el sacrificio diario por él no debe ser excepcional; la rendición incondicional a él no debe ser excepcional.

¿Por qué importa que el Padre y Jesús sean uno?

Porque Aquel que fue a la cruz por ti no es menos que el mismo Dios que te hizo. Debido a que Jesús y el Padre son uno, Dios no solo entrega a su Hijo en la Cruz por ti; Dios se entrega a sí mismo en esa cruz para ser uno contigo. El único que nos amó hasta la muerte y la resurrección a la vida verdadera, en realidad, se escribió a sí mismo en el dolor de nuestra historia para que pudiéramos vivir la vida más plena que se suponía que debíamos vivir y rescatarnos de la muerte que se suponía que era completamente nuestra. Debido a que Jesús y el Padre son uno, la mejor manera de entender lo que sucede en la cruz es la «auto-satisfacción de Dios a través de la autosustitución de Dios»[2].

El preeminente teólogo John Stott dice que Cristo, «nuestro sustituto que tomó nuestro lugar y murió nuestra muerte en la cruz, no fue ni solo Cristo (ya que eso lo convertiría en un tercer participante encajado entre

Dios y nosotros) ni solo Dios (porque eso socavaría la encarnación histórica), sino Dios en Cristo, quien era verdadera y plenamente tanto Dios como hombre, y quien por esa razón estaba calificado de manera única para representar tanto a Dios como al hombre y mediar entre ellos».

En definitiva importa que Jesús y el Padre sean uno porque: «es esencial afirmar que el amor, la santidad y la voluntad del Padre son idénticos al amor, la santidad y la voluntad del Hijo. Dios estaba en Cristo reconciliando al mundo consigo mismo»[3].

No estás sola. Jesús entiende que este misterio respecto a que él es tanto Dios como hombre es difícil de creer, por lo cual acaricia tu rostro, te acerca y ruega tiernamente a tu corazón que consideres todas las obras de su mano de las que fuiste testigo: «Si no hago las obras de mi Padre, no me crean. Pero aunque no me crean a *mí*, si las hago, crean a mis *obras*, para que sepan y entiendan que el Padre está en mí y que yo estoy en el Padre» (énfasis añadido).

Él sostiene tu mirada hasta que escuchas lo que te está diciendo. Si no entiendes lo que dice acerca de quién es él y te desconcierta, al menos deja que todo lo que *él hace* te seduzca para que veas que él está en el Padre y que el Padre está en él; y que Dios mismo está para ti.

Los líderes de la época entendieron lo que Jesús estaba diciendo. Se dieron cuenta de lo que Jesús estaba dejando en claro, la divinidad que afirmaba a través de sus palabras. Así que recogieron piedras y subieron detrás de él para silenciarlo. Buscaban piedras que pudieran aplastar sus huesos, porque pensaban que era mejor quebrar su blasfemia antes de que esta los quebrara a todos.

A punto de ser destruido, golpeado hasta la muerte por las piedras extraídas de esta roca llamada planeta Tierra, el cual había hecho con el aliento de su palabra, a punto de ser ejecutado por lapidación, Jesús supo a dónde acudir. Cuando el momento se convirtió en crisis, Jesús se dirigió a la Palabra y les respondió: ¿No está escrito en su ley?

No hay forma de saber cuándo un momento cotidiano se convertirá en crisis y tendrás que saber las palabras de memoria para ayudar a tu corazón roto, cuándo necesitarás saber a qué pasaje de las Escrituras acudir. ¿Por qué abrir ampliamente la Palabra cuando tu corazón está roto? Porque en todo el cosmos, en todo este mundo quebrantado, «la Escritura no puede ser quebrantada». En un mundo desgarrador, lo único que no puede romperse es la Palabra.

Las Escrituras no pueden ser quebrantadas porque *Dios no puede quebrantar su Palabra.*

La única Palabra en todo el mundo que es inquebrantable es la misma Palabra a la que no se puede dar de baja solo porque sus verdades son impopulares. La Palabra viva está hecha para ser vivida, para ser experimentada, para que podamos saber cuán vivificantes son esas palabras en realidad. «Para leer las Escrituras de manera adecuada y precisa, es necesario vivirlas al mismo tiempo», escribe el teólogo Eugene Peterson[4].

Mientras vivimos, la Palabra viva —Aquel que «en el principio ya existía» y que «se hizo hombre y habitó entre nosotros»— nos da vida, nos vivifica, nos revive, vive en nosotras. Cuando Aquel que es la Palabra que no puede ser quebrantada vive dentro de nosotras, comienza a hacernos realmente inquebrantables.

Debido a que la Palabra no puede ser quebrantada, los mandamientos de la Biblia no pueden quebrantarnos y aplastarnos, sino que nos rehacen para que estemos vivas de una forma más hermosa y plena; de modo que, en la Palabra misma, somos inquebrantables. Tú lo sabes; puedes sentirlo. Porque la Palabra es lo único que no puede ser quebrantado; la Palabra es lo único que puede hacernos completas. Lo que no se puede romper es lo que puede sanar nuestro quebrantamiento.

¿Por qué no acudimos más a menudo al único libro espiritual en el mundo que nos vivifica y nos hace renacer?

Porque, en un mundo quebrantado, nos sentimos atraídas por la adrenalina del filo de los fragmentos, nos volvemos adictas a los deslumbrantes éxitos de lo nuevo, a las noticias de última hora y al ruido de los titulares, al drama de las colisiones y al enamoramiento, a los videos destacados. Decimos que queremos plenitud y paz, pero en este mundo quebrantado hemos normalizado el quebrantamiento porque el quebrantamiento, en todo tipo de formas, es parte de lo que es ser humano. Ser plenamente, enteramente humano, sin embargo, es en realidad tener unión y comunión con nuestro Padre. Nuestro quebrantamiento encuentra su plenitud en la unidad de la Trinidad.

Este viaje de sanidad hacia nuestra afirmación, transformación, consuelo del alma y adoración a Dios comienza pasando a diario las páginas de la Palabra de Dios.

«Las Sagradas Escrituras son cartas desde casa», escribe Agustín.

¿Qué otras palabras en todo el mundo podrían ser más significativas para nuestro corazón roto y nostálgico que las cartas de nuestra verdadera casa?

Seguir a Jesús es seguir la Palabra, la totalidad de la Palabra, la autoridad de la Palabra, la supremacía de la Palabra, la inmutabilidad de la Palabra, la integridad de la Palabra. Se puede estar en desacuerdo con la Palabra, pero no se puede descartar, porque no hay manera de destruir la inspiración, la indestructibilidad y la infalibilidad santa de la Biblia. Debido a que el carácter de Dios, el corazón de Dios y la bondad de Dios son constantes, su Palabra nunca es contradictoria.

Dios cumple su Palabra, y se da a sí mismo para que nosotras podamos cumplir su Palabra.

La peregrinación a la vida requiere que tengamos un mapa en la mano. Dios llega a tu página con su misma presencia. Todo nuestro quebrantamiento se encuentra con la integridad sanadora del único que es uno con Dios, el único que es la Palabra inmutable e inquebrantable.

Cada página sagrada de la Palabra está cargada con el aroma de este amor sobrenatural: el camino de esta peregrinación a la vida.

NOTAS PARA MI ALMA TRAS ESTA PEREGRINACIÓN AL CORAZÓN DE JESÚS:

DIOS CUMPLE

SU PALABRA, Y SE DA

A SÍ MISMO PARA

QUE NOSOTRAS

PODAMOS CUMPLIR

SU PALABRA.

SI ÉL HUBIERA ESTADO AQUÍ...

Había un hombre enfermo llamado Lázaro, que era de Betania, el pueblo de María y su hermana Marta. María era la misma que ungió con perfume al Señor y le secó los pies con sus cabellos. Las dos hermanas mandaron a decirle a Jesús: «Señor, tu amigo querido está enfermo».

Cuando Jesús oyó esto, dijo: «Esta enfermedad no terminará en muerte, sino que es para la gloria de Dios, para que por ella el Hijo de Dios sea glorificado».

Jesús amaba a Marta, a su hermana y a Lázaro. A pesar de eso, cuando oyó que Lázaro estaba enfermo, se quedó dos días más donde se encontraba. [...]

A su llegada, Jesús se encontró con que Lázaro llevaba ya cuatro días en el sepulcro. Betania estaba cerca de Jerusalén, como a tres kilómetros de distancia, y muchos judíos habían ido a casa de Marta y de María a darles el pésame por la muerte de su hermano. Cuando Marta supo que Jesús llegaba, fue a su encuentro; pero María se quedó en la casa.

—Señor —dijo Marta a Jesús—, si hubieras estado aquí, mi hermano no habría muerto. Pero yo sé que aun ahora Dios te dará todo lo que le pidas.

—Tu hermano resucitará —le dijo Jesús.

—Yo sé que resucitará en la resurrección, en el día final —respondió Marta.

Entonces Jesús dijo:

Día *20: «Jesús le dijo: "Yo soy la resurrección y la vida"». Juan 11:25*

—Yo soy la resurrección y la vida. El que cree en mí vivirá, aunque muera; y todo el que vive y cree en mí no morirá jamás. ¿Crees esto?

Marta dijo:

—Sí, Señor; yo creo que tú eres el Cristo, el Hijo de Dios, el que había de venir al mundo.

Dicho esto, Marta regresó a la casa y, llamando a su hermana María, le dijo en privado:

—El Maestro está aquí y te llama.

Cuando María oyó esto, se levantó rápidamente y fue a su encuentro. Jesús aún no había entrado en el pueblo, sino que todavía estaba en el lugar donde Marta se había encontrado con él. Los judíos que habían estado con María en la casa, dándole el pésame, al ver que se había levantado y había salido de prisa, la siguieron, pensando que iba al sepulcro a llorar.

Cuando María llegó adonde estaba Jesús y lo vio, se arrojó a sus pies y dijo:

—Señor, si hubieras estado aquí, mi hermano no habría muerto.

Al ver llorar a María y a los judíos que la habían acompañado, Jesús se turbó y se conmovió profundamente.

—¿Dónde lo han puesto? —preguntó.

—Ven a verlo, Señor —le respondieron.

Jesús lloró.

—¡Miren cuánto lo quería! —dijeron los judíos.

Pero algunos de ellos comentaban:

—Este, que le abrió los ojos al ciego, ¿no podría haber impedido que Lázaro muriera?

Conmovido una vez más, Jesús se acercó al sepulcro. Era una cueva cuya entrada estaba tapada con una piedra.

—Quiten la piedra —ordenó Jesús.

Marta, la hermana del difunto, objetó:

—Señor, ya debe oler mal, pues lleva cuatro días allí.

—¿No te dije que si crees verás la gloria de Dios? —le contestó Jesús.

Entonces quitaron la piedra. Jesús, alzando la vista, dijo:

—Padre, te doy gracias porque me has escuchado. Ya sabía yo que siempre me escuchas, pero lo dije por la gente que está aquí presente, para que crean que tú me enviaste.

Dicho esto, gritó con fuerza:

—¡Lázaro, sal fuera!

El muerto salió con vendas en las manos y en los pies, y el rostro cubierto con un sudario.

—Quítenle las vendas y dejen que se vaya —dijo Jesús.

JUAN 11:1-6, 17-44

NUNCA LLORAS SOLA. Jesús llora contigo por cada pérdida en tu vida, y se enfurece junto a ti contra la noche.

Cuando Jesús escuchó que Lázaro estaba enfermo, fue cualquier cosa, menos indiferente.

Lázaro y sus hermanas, María y Marta, sabían lo que Jesús sentía por ellos.

Jesús los amaba.

Ellos no estaban soportando este sufrimiento porque Jesús no los soportara; no estaban desesperados y desesperanzados porque Jesús fuera indiferente. Su pérdida nunca fue porque Jesús no los amara. La pérdida nunca significa que el Señor no te ama.

Para cuando Jesús hizo el viaje de menos de tres kilómetros desde Jerusalén a Betania, Lázaro había estado muerto por cuatro días putrefactos e insoportablemente largos. Según la tradición judía de la época de Jesús, el alma permanecía cerca del cuerpo durante tres días y luego partía. ¿Esperó Jesús cuatro días para que no quedara duda de que solo él era la fuente de la resurrección milagrosa de Lázaro?

A pesar de todo lo que está podrido y deteriorado en tu vida, así como lo estaba Lázaro, ¿sigues esperando en los caminos de Jesús? Todas las veces en que parece que ya no hay esperanza porque se fugó y desapareció, ¿todavía esperas un movimiento milagroso de Dios?

Cuando Jesús al fin llegó, Marta salió corriendo por la puerta y lloró el dolor de toda la humanidad: «Señor, si hubieras estado aquí»...

Los ojos de Jesús se encontraron con los suyos, la estabilizaron, la anclaron. Ella miró en las profundidades del universo cuando él le dijo las palabras que resonaron en el dolor de su corazón y a través de todo el cosmos: «Yo soy la resurrección y la vida. El que cree en mí vivirá, aunque muera; y todo el que vive y cree en mí no morirá jamás».

Esas son las palabras que hacen temblar los aposentos más oscuros de cada corazón despierto. Esas palabras derraman una explosión de asombro sobre la deidad, la majestad y la centralidad de Cristo. La Palabra llegó a *ser* esas palabras: *Yo soy la vida. Cree en mí y vivirás, vivirás plenamente y nunca morirás.*

Solo un grano de confianza en que Jesús es el gran Yo Soy cósmico, quien da su vida para devolver la vida al universo con un beso, es toda la fe que se necesita para rescatarnos y revivirnos.

Toda la fe que se necesita para resucitar a una vida sin fin es una medida de confianza tan pequeña como un grano de mostaza en que la pasión eterna de Cristo hace morir a la muerte, en que su amor perfecto matará el sepulcro y te resucitará a la vida más plena.

La muerte se marchita ante esta eterna pasión de Dios.

«¿Crees esto?», preguntó Jesús a Marta. Jesús se da la vuelta y te pregunta a ti también.

¿Crees tú que Jesús puede llamar a la vida desde lugares muertos, desde sueños podridos y esperanzas en descomposición? ¿Cree tu teología que en las manos de Dios las cosas que mueren pueden convertirse en cosas que resucitan? ¿Crees que en los escombros en medio de los cuales estás sentada Dios comienza las resurrecciones? *¿Te atreves a creerlo?*

Los momentos dolorosos develan nuestra verdadera teología. Los momentos dolorosos nos dan el regalo de ver nuestra necesidad personal.

En definitiva, esto es lo que más importa: ¿tu teología cerebral te lleva a la intimidad personal?

En realidad creer en algo es casarse con esa idea. Tener una firme creencia en algo es comprometerse con ello, alinearse con ello, casarse con ello. Creer que Jesús es la resurrección y la vida, es casar tu vida con la de Cristo.

La teología correcta de Dios siempre te lleva a una verdadera intimidad con Dios.

Cuando María fue con Jesús, repitió el mismo aullido del corazón que su hermana, palabra por palabra, porque este es el único grito con el que toda nuestra teología tiene que luchar: «Señor, si hubieras estado aquí...».

Jesús no permitió que el eco sonoro de su poder definitivo para matar a la muerte y traer vida llenara las cavernas del corazón dolorido de María. Esta vez, le dio vida murmurando una pregunta: «¿Dónde lo han puesto?».

¿Dónde está?

La pregunta es un débil eco de la primera pregunta registrada del Dios trino en el huerto en Edén, quien con un corazón que anhelaba la presencia de Adán preguntó: «¿Dónde estás?».

¿Dónde podrías estar si no estás aquí conmigo?

Dios nunca deja de preguntar dónde estamos en relación con él, porque anhela una intimidad vivificante con nosotras para estabilizarnos, para satisfacernos. La pregunta que le hacemos repetidamente a Dios es: «¿Por qué? ¿Por qué dejaste que esto sucediera?». Y la pregunta que Dios nos hace repetidamente es: «¿Dónde? ¿Dónde estás en relación conmigo, pase lo que pase?». Solo preguntamos dónde está Dios porque anhelamos preguntarle «¿por qué?». Dios pregunta dónde estamos porque Dios anhela estar *con* nosotras.

La verdadera pregunta no es dónde está Dios en lo que nos pasa, sino dónde estás tú en proximidad, intimidad y vulnerabilidad *con él* en medio de lo que te sucede.

En medio de la angustia, el desasosiego y el dolor esto es lo que cambia todo: si Dios significa todo para ti, su compañía lo cambia todo para ti.

Cuando aquel que es tu todo te asegura que está de una forma inquebrantable contigo en todo, nada se siente imposible; todo se vuelve superable.

Si una persona al azar con la que tienes poca relación dice que está contigo, sin embargo, es posible que tus emociones no se calmen, que tus sentimientos no se regulen, que no tengas una sensación profunda de seguridad. La verdad es que la cercanía íntima de alguien es lo que determina el valor de su compañía. Cuanto mayor sea tu sensación de intimidad con esa persona, mayor será tu sensación de seguridad a través de cualquier problema. Si tu persona del pacto dice que está contigo, acompañando a tu corazón, tus emociones están reguladas, ancladas y seguras. Ahora bien, si la compañía de Dios no *calma* tu corazón en lo profundo, ¿ha *cautivado* Dios tu corazón en lo profundo?

Tu corazón cautivó por completo el suyo porque esto es lo que él es:

«Al ver llorar a María y a los judíos que la habían acompañado, Jesús se turbó y se conmovió profundamente.

—¿Dónde lo han puesto? —preguntó.

—Ven a verlo, Señor —le respondieron.

Jesús lloró».

Cualquiera que sea nuestra angustia, Jesús viene, Jesús ve y Jesús llora.

Jesús no solo entró en el mundo; Jesús entra íntimamente en tu mundo, el mundo de *tu* corazón. Jesús, el «varón de dolores, habituado al sufrimiento», sabe físicamente lo que es que un alma gima, que un corazón aúlle (Isaías 53:3). Tus lágrimas conmueven a Jesús hasta las lágrimas. Nadie jamás ha sido más tierno con las líneas de tu historia que la Palabra misma.

En esto hay un consuelo incomparable: Jesús te pregunta dónde estás. Él viene a estar contigo y a llorar contigo porque la pasión de Jesús no quiere nada más que sostenerte a través de tus circunstancias. La soberanía de Jesús es lo que nos cubre, pero es su solidaridad con nosotras lo que nos reconforta. El consuelo que buscamos se encuentra en los brazos del Dios que sufre con nosotras.

Dios llora por lo que está completamente mal antes siquiera de comenzar a hacer que todas las cosas cooperen para bien. Porque Dios sabe que las lágrimas compartidas siempre multiplican la sanidad.

Sin embargo, él hace más que solo llorar. Siente algo más que empatía con nosotras en nuestro dolor. El Dios-Hombre «se conmovió profundamente en el espíritu», no una, sino dos veces: tanto cuando llora con María como cuando se dirige hacia la tumba de Lázaro (LBLA). Las lágrimas de dolor de María conmueven profundamente a Jesús. El verbo griego para «se conmovió profundamente» expresa una pasión que se siente en lo profundo del ser, como un gemido dentro de uno mismo. Algunos traductores incluso lo traducen como «se enojó en su interior» (NTV).

¿Qué es esta ira, este sentimiento apasionado, esta cruda mezcla de dolor, gemidos y furia que se agitaban dentro de él?

Jesús no solo estaba llorando por Lázaro, porque sabía que estaba a punto de resucitar milagrosamente un cadáver que había estado allí putrefacto durante cuatro días. Jesús no solo estaba llorando por Marta y María. Él sabía que sus lágrimas desoladas de dolor estaban a punto de convertirse en lágrimas de alegría delirante. Lo que estaba sucediendo era asombroso: Jesús estaba viendo el futuro, cada funeral que se celebraría. Y cuando Jesús se paró junto a esa tumba en este planeta, cuando sus fosas nasales se llenaron con el hedor punzante de la muerte, te vio y lloró furioso por cómo te lastimaría perder a tus seres amados.

Con lágrimas que nublan todo su mundo, Jesús está con cada una de nosotras que, alguna vez, estaremos en un funeral llorando profundamente. Está con cada una de nosotras que tenemos el corazón roto y odia a la muerte tanto como nosotras. Jesús está ferozmente enojado, hasta el infierno y más allá, con el horror y los estragos que la muerte hacen en cada una de nosotras.

En cada una de tus pérdidas, Jesús también llora contigo. A través de cada una de tus pruebas, Jesús te ama íntimamente. En tus valles más oscuros, siente cómo su amor furioso también odia todo tipo de muerte.

De pie allí con María y Marta, quienes tenían el corazón destrozado, Jesús sabía del milagro surrealista que estaba a punto de suceder. Sabía que el cortejo fúnebre estaba a punto de convertirse en una emocionante celebración. Sabía que él es la resurrección y la vida. En lugar de decirle a María lo que estaba a punto de suceder, sin embargo, Jesús, el Dios que llora, rompió a llorar con María. Esta es la historia de amor más verdadera y real y todavía está vigente: las heridas de nuestro corazón hacen llorar al Dios del cielo. Nuestro Dios matará a la muerte para levantar a los suyos de las profundidades. Tu Dios es el Dios todopoderoso, es tanto la resurrección que desafía a la muerte como la vida que llena el alma. Él es el Dios apasionado que llora, se enfurece y gime con nosotras contra la noche oscura de la muerte. Es su ministerio de poderosa esperanza el que nos revive cada día con la esperanza de la resurrección. Es su ministerio de compasión el que nos consuela con su presencia consoladora.

Él sabe que necesitas un brazo estirado que señale la esperanza más allá y sabe que necesitas otro brazo que te envuelva, que se aferre apasionadamente a ti ahora. Jesús señala la verdad de la resurrección y la vida eterna.

Jesús llora apasionadamente por todas las penas de la vida aquí y ahora. Hay, a la vez, una esperanza futura y un consuelo presente e íntimo justo aquí, en medio de tu situación.

Cualquiera que sea el sufrimiento por el cual estés furiosa, Jesús también está furioso. Sin importar cuán enojada estés por la angustia en este mundo quebrado, Jesús también está enojado. Y debido a que Jesús está enojado con la angustia, y porque Jesús está locamente enamorado de ti, la pasión de Jesús por ti lo lleva a luchar contra todo el sufrimiento en el mundo *por ti*.

Amar es sufrir, lo cual significa que la única manera aparente de acabar con el problema de un mundo que sufre sería tener un mundo desprovisto de amor y de todos aquellos que aman. Pero tu Dios, quien es Amor, se viste de piel y entra en la historia del mundo y en los lugares tiernos de tu historia y, al final, va a la cruz para absorber toda la oscuridad y comenzar la revolución con el fin de acabar con todo el sufrimiento que hemos conocido. Jesús, quien es Amor y quien más amó, sufrió hasta lo sumo para darte la vida más plena por amor.

Atrévete a creer que creer en él es la única manera de estar viva en verdad.

Atrévete a seguir peregrinando con sinceridad hacia él.

Porque el Amor mismo no solo atrapa cada una de tus lágrimas, sino que también llora contigo. Sus lágrimas riegan una nueva forma de ser, una nueva forma de vida.

Una resurrección.

NOTAS PARA MI ALMA TRAS ESTA PEREGRINACIÓN AL CORAZÓN DE JESÚS:

NADIE JAMÁS

HA SIDO

MÁS TIERNO CON

LAS LÍNEAS

DE TU HISTORIA

QUE LA

PALABRA MISMA.

DERRAMADA

Seis días antes de la Pascua llegó Jesús a Betania, donde vivía Lázaro, a quien Jesús había resucitado. Allí se dio una cena en honor de Jesús. Marta servía y Lázaro era uno de los que estaban a la mesa con él. María tomó entonces como medio litro de nardo puro, que era un perfume muy caro, y lo derramó sobre los pies de Jesús, secándoselos luego con sus cabellos. Y la casa se llenó de la fragancia del perfume.

Judas Iscariote, que era uno de sus discípulos y que más tarde lo traicionaría, objetó:

—¿Por qué no se vendió este perfume? Pudo haberse vendido por el salario de más de un año de trabajo y dárselo a los pobres.

Dijo esto no porque se interesara por los pobres, sino porque era un ladrón y, como tenía a su cargo la bolsa del dinero, acostumbraba a robarse lo que echaban en ella.

—Déjala en paz —respondió Jesús—. Ella ha estado guardando este perfume para el día de mi sepultura. A los pobres siempre los tendrán con ustedes, pero a mí no siempre me tendrán.

Mientras tanto, muchos de los judíos se enteraron de que Jesús estaba allí y fueron a ver no solo a Jesús, sino también a Lázaro, a quien Jesús había resucitado. Entonces los jefes de los sacerdotes decidieron matar

Día *21: «La casa se llenó de la fragancia del perfume». Juan 12:3*

también a Lázaro, pues por su causa muchos se apartaban de los judíos y creían en Jesús.

JUAN 12:1-11

NO ERES DEMASIADO; nunca eres demasiado.

Porque si fueras demasiado, sería para amar demasiado, y nadie puede amar demasiado.

La fiesta que María, Marta y Lázaro estaban organizando apenas seis días antes de la Pascua era para rendirle honor al Dios-Hombre, Aquel que había devuelto la vida a Lázaro. Allí estaba Lázaro, reclinado mientras cenaba, deleitándose en su nueva oportunidad de vida. Marta, la anfitriona, traía los platos llenos de bondad humeante.

María trajo lo mucho que amaba a Jesús en su medio litro de nardo puro, el cual, en términos económicos, representaba más de un año de trabajo. Rompió la botella, y la habitación se llenó de la fragancia del amor flagrante.

Ella no restringió, limitó ni obstruyó su ofrenda; no trató de determinar correctamente cuánto era digno que Jesús recibiera.

Cuando Jesús es tu porción, pierdes toda noción equivocada de la proporción mezquina y das extravagantemente. Cuando Jesús es tu porción, ganas el sentido correcto de la proporción. Movida por un amor apasionado, María simplemente adoptó la postura que demostraba que estaba rendida ante su Amor.

Es solo en una postura de humillación y rendición que puedes derramar tu hermoso corazón.

A pesar de que esa vasija de nardo absurdamente cara era su única protección contra el desastre, María humildemente renunció al cerco que la protegía y dejó que Jesús fuera su único y verdadero cerco de protección. Lo que hizo María fue sacrificar toda su seguridad terrenal por la seguridad de un amor de otro mundo. Pudo renunciar a todo aquello a lo que se aferraba y le daba una sensación de seguridad, porque estaba a salvo en Jesús.

Debido a que Jesús pagó el mayor precio por ti, ¿cómo no darle tu tesoro más valioso?

María se soltó el cabello sin que le importara en lo más mínimo si alguien la consideraba inmoral, porque sabía que sus cadenas se habían soltado, porque las profundidades de su amor por Jesús se habían desatado por completo. Una mujer casada que se soltaba el cabello en público merecía ser repudiada con el divorcio; María se divorció del mundo para estar apasionadamente comprometida solo con Cristo. Se desató el cabello y lo dejó caer porque no tenía vergüenza de haberse enamorado de Dios. No dejó que la cultura dictara lo que podía y lo que no podía hacer ni limitó su vida para encajar en las cajas ordenadas de otras personas. Lo único que gobernaba su vida era su pasión por Cristo.

Los mechones de su cabello, empapados en el nardo, frotaban el aroma del compromiso en los talones de los pies de Jesús. Los allí reunidos pueden reprender; los arrogantes burlarse; los altos y poderosos resistirse a cualquiera que se humille de tal manera. Pero solo importa lo que Jesús piense; lo que más importa es que el amor incondicional de Jesús se encuentra nada menos que con tu amor sincero.

Cuando el amor de Dios habita plenamente en ti, ya no estás inhibida para amar flagrantemente.

Adelante, desgarra el corazón, rompe el frasco cerrado de tus pensamientos, derrama todo en lágrimas, en palabras, en oraciones palpitantes, en palabras garabateadas en las páginas del diario. Suéltate el pelo y quítate la máscara y sé auténtica con el único Dios verdadero e íntimo.

No estás atada a la convención cuando tu corazón está atado al suyo por completo.

Solo te sueltas el cabello cuando estás en casa; solo te sueltas el cabello cuando te sientes segura de ser tu verdadero yo. Jesús es tu único y verdadero hogar. Jesús es la única persona con la que puedes soltarte el cabello y ser todo lo que eres en realidad con la certeza de que todo tu ser está a salvo.

La verdad es que tu amor por Jesús solo es inapropiado si a fin de cuentas es condicional.

Tu amor por Jesús es, en definitiva, condicional si es solo una inversión de la cual tienes que obtener una ganancia, si seguirlo tiene que ser de alguna manera rentable para ti. El costo de reclamar a Jesús como tuyo es el costo de todo lo que eres. Tu visión del futuro, tu mapa de vida, tu reputación, tu nivel social, tus deseos, tus antojos, los golpes rápidos de dopamina, tus comodidades, tus distracciones, tus mecanismos de supervivencia, tus falsos dioses, tu idolatría, todos ellos son el precio que debes pagar para hacer un compromiso de lealtad y fidelidad con el Cordero de Dios y ser sostenida a salvo para siempre por sus manos marcadas por los clavos.

¿Estás dispuesta a dar todo por Aquel que lo dio todo por tu propia alma?

María renunció a todos sus derechos porque la pasión de Jesús había vuelto recta su alma.

Cada sirviente, cada esclavo, tenía protección legal que aseguraba que nunca tendrían que agacharse y sacarle los zapatos a nadie. Nadie podía ser obligado a degradarse y tocar los pies de otra persona. Pero María renunció a todos sus derechos y se entregó a Jesús. ¿Por qué retener algo de Aquel que puso su espalda en el altar de la cruz y sacrificó su propio corazón palpitante para salvar el tuyo? ¿Vale la pena servir a Dios solo mientras puedas retener algo de tu corazón para volcarlo en otras pasiones? ¿Es justo darle a Dios siempre y cuando no sea caro en exceso? ¿Es justo seguir a Dios solo mientras el costo no sea terriblemente humillante? ¿Es correcto declarar pertenecer a Dios solo en la medida en que nos dé ganancias, nos promueva o beneficie?

Todos los días tienes dos opciones: ser una María, deleitándote en pagar el costo, o ser un Judas, siempre buscando posición para obtener provecho propio. La pregunta que define todo es: ¿pagas el costo o te vendes?

Es verdad: Judas se sienta con Jesús. Judas habla con Jesús. Judas incluso camina con Jesús. Pero ningún Judas atesoró nunca a Jesús más que a sus tesoros. Ningún Judas derramó alabanzas apasionadas sobre Jesús.

¿Pero las Marías? Las Marías renuncian a su mayor tesoro para que absolutamente nada se interponga en el camino de atesorar a Cristo. María ama escandalosamente, fastuosamente, extravagantemente, porque así es ser reavivada por el amor.

Si amas a Jesús con generosidad, vives a diario en adoración generosa a él. Porque una cosa es darle a Cristo lo que tienes y otra cosa es darle *quién eres.*

Al igual que María, quizás sientas que no puedes hacer nada más que postrarse a los pies de Jesús, mirarlo a los ojos y susurrarle: «Quito mis manos del control de mi vida porque tú extendiste tus manos por mí en la cruz. No hay nada que no puedas pedirme, porque hiciste por mí más de lo que jamás soñaría pedir».

Ahora, tu peregrinación llegó lo suficientemente cerca de su corazón, de modo que puedes abrir por completo tu propio corazón, desatar cada ápice de lo que te está reteniendo y derramar cada gota de todo lo que eres de manera apasionada a sus pies.

Esto cambiará la dirección de tus pies y de tu propia vida.

NOTAS PARA MI ALMA TRAS ESTA PEREGRINACIÓN AL CORAZÓN DE JESÚS:

PALMAS DE ALABANZA

Al día siguiente, muchos de los que habían ido a la fiesta se enteraron de que Jesús se dirigía a Jerusalén. Tomaron ramas de palma y salieron a recibirlo mientras gritaban a voz en cuello:

—¡Hosanna!

—¡Bendito el que viene en el nombre del Señor!

—¡Bendito el Rey de Israel!

Jesús encontró un burrito y se montó en él, como dice la Escritura:

«No temas, oh, hija de Sión;
mira, que aquí viene tu rey,
montado sobre un burrito».

Al principio, sus discípulos no entendieron lo que sucedía. Solo después de que Jesús fue glorificado se dieron cuenta de que se había cumplido en él lo que de él ya estaba escrito.

La gente que había estado con Jesús cuando él llamó a Lázaro del sepulcro y lo resucitó de entre los muertos seguía difundiendo la noticia. Muchos de los que se habían enterado de la señal milagrosa realizada por Jesús salían a su encuentro.

JUAN 12:12-18

Día *22: «¡Hosanna!», «¡Bendito el que viene en el nombre del Señor!». Juan 12:13*

TIENES LA OPORTUNIDAD de entrar; puedes llegar hasta el final.

Nadie te detiene; nadie te rechaza.

Tu nombre está escrito en la lista. Tienes acceso libre, fácil y permanente para entrar directamente al santuario interior, a las cámaras del corazón del Rey de todo.

¿Qué te impide ir tan a menudo como necesites?

¿Y si gran parte de la vida se siente difícil porque es difícil confiar en que tu propio nombre está escrito en el cielo, grabado en la palma de sus manos, garabateado en las paredes de su corazón? Todo se puede afrontar cuando tu nombre está grabado en las manos del Rey del cosmos.

Cuando no crees que tu nombre está escrito en las manos de Cristo, y que él te da acceso directo a su corazón, puedes terminar cargando un peso innecesario sobre tu espalda.

Es ese mismo Rey de todo que entró triunfante montado en un burro a la ciudad capital de Israel. Es ese mismo Rey del universo a quien la multitud estaba alabando en las calles de Jerusalén con hojas de palmera al grito de: «¡Hosanna!», «¡Bendito el que viene en el nombre del Señor!», «¡Bendito el Rey de Israel!».

Si él es el único a través de todo el tiempo, el espacio cósmico y la historia que alguna vez resucitó a un cuerpo muerto y en descomposición como el de Lázaro, ¿cómo no podría ser el Rey del cosmos? Si conquistó el horror de la muerte, de seguro pensaban sus seguidores, podía conquistar a todos y cada uno de los poderes políticos desmesurados.

Dicen que esa era la costumbre: «Cuando una ciudad recibía a un vencedor con los brazos abiertos sin ofrecer resistencia, se esperaba que el vencedor entrara montado en un burro y no en un caballo»[1]. Así es exactamente como el conquistador Jesús entró en Jerusalén: en el humilde lomo de un burro que rebuznaba y se balanceaba. Pero habrá un día en el futuro cuando las alturas del cielo se abrirán y el Rey Jesús vendrá al galope montado en un caballo blanco como Rey conquistador sobre todo lo que no dobla su rodilla ante él (Apocalipsis 19:11-16). Zacarías profetizó: «Entonces saldrá el SEÑOR y peleará contra aquellas naciones, como cuando pelea en el día de la batalla. En aquel día sus pies estarán en el monte de los Olivos» (Zacarías 14:3-4). Así fue exactamente como el rey

Jesús cabalgó hacia Jerusalén: desde el monte de los Olivos para luchar contra la muerte, las tinieblas y la desesperación.

En ese momento, todas las calles de Jerusalén eran una aglomeración de gente, ruido y olores. Josefo, el historiador judío, describió una Pascua en la que casi tres millones de peregrinos abarrotaron las calles de la Vieja Jerusalén[2]. Y en medio de millones de peregrinos cansados, había un flujo constante de más de un cuarto de millón de corderos gritando, los cuales eran arreados por las calles; corderos que serían sacrificados por la Pascua y por el corazón quebrantado de todo el pueblo[3].

Según la ley judía, cada familia tenía que vivir con su cordero durante tres días enteros, cuidándolo, alimentándolo tiernamente, durmiendo a su lado, sintiendo su cálido aliento, antes de poner las manos sobre él; antes de mirarlo a los ojos y depositar todos sus propios pecados sobre él y cortarle la garganta al crepúsculo[4].

Montado en un burro, bajo un estandarte alegre de hojas de palmera ondeantes, el rey Jesús hizo su entrada triunfal rodeado de corderos que gritaban. Él mismo era el Cordero de Dios dispuesto a hacer contacto visual con todas las personas que gritaban.

Este Rey Jesús, conquistador que entró a Jerusalén montado en un burro y rodeado de corderos, es a quien veremos al final de los tiempos: «Uno de los ancianos me dijo: "¡Deja de llorar que ya el León de la tribu de Judá, la Raíz de David, ha vencido! Él sí puede abrir el rollo y sus siete sellos". Entonces vi en medio de los cuatro seres vivientes, del trono y los ancianos, a un Cordero que estaba de pie y parecía haber sido sacrificado» (Apocalipsis 5:5-6).

El Rey Cordero entró en las calles de Jerusalén para ser inmolado por cada pecado que haya matado un corazón.

El Rey Cordero es el mismo León de la tribu de Judá. Cumplió la profecía de Zacarías 9:9 que todo el pueblo había estado esperando: «Mira, tu rey viene hacia ti, justo, victorioso y humilde. Viene montado en un burro, en un burrito, cría de asna».

Este es el momento: agita tus ramas de palmera en alto porque tu Rey viene manso y humilde, más bajo que tus pecados más bajos. Puedes bendecir al Dios del cielo con tu alabanza.

Agita tus ramas de palmera en alto: el Rey Cordero entra en un burro modesto y humilde, porque no importa cuán bajo hayan llegado las cosas para ti, no importa la profundidad de tu humillación, ahora puedes entrar en la presencia del Rey altísimo. Tu alabanza puede deleitar el corazón de Aquel que hizo la luz.

Agita tus ramas de palmera en alto: el Rey Cordero tiene la compasión para consolarnos en nuestra angustia y tiene el valor del corazón de un león para poner su cuello desnudo sobre el altar, bajo el filo del cuchillo dentado, donde debería haber estado tu propio cuello. Tu alabanza toca el corazón de Aquel que te dio su vida para reavivarte por amor.

Agita tus ramas de palmera en alto para su Alteza, el Rey Cordero. Su grandeza está entrando a la debilidad para que nosotras podamos entrar a sus atrios a pesar de nuestra debilidad y para que podamos ver que estamos enmendadas, salvadas, hechas de nuevo. Nada es más vivificante que alabar a Dios.

Qué fácil es alabarlo solo cuando las cosas salen como una quiere y, luego, endurecerse un poco cuando las cosas no salen a nuestra manera. Esa tentación siempre ronda si el Rey no cumple con tus expectativas.

Si el Rey Cordero no hace las cosas de la manera que queremos, sentimos el impulso de tomar un pedazo de madera y un martillo y crucificar a alguien, clavando así nuestro propio camino sangriento. Siempre puedes optar por agitar una rama de palmera en alabanza honesta o un martillo en protesta airada.

La verdad subversiva está presente mientras la multitud agita sus ramas de palmera: lo que trae paz sanadora es la alabanza honesta. A lo que debes aferrarte en los días más difíciles es simplemente esto: Cristo viene de maneras tan inesperadas como montado en un humilde burro... y la manera de no perdérselo es seguir esperándolo de la manera en que menos lo esperarías.

Cuando los momentos improbables y humildes del burro se encuentran con alabanzas honestas, puedes ver a tu Rey Jesús incluso aquí. Y la mejor manera de protegerte contra la desesperación es levantar las palmas en señal de alabanza.

El camino para entrar en la vida más plena siempre es posible: «Entren por sus puertas con acción de gracias; vengan a sus atrios con himnos de alabanza. ¡Denle gracias, alaben su nombre! Porque el Señor es bueno, su gran amor perdura para siempre y su fidelidad permanece por todas las generaciones» (Salmo 100:4-5).

Cualquiera sea el dolor del que quieras salir con desesperación; cualquiera sea el camino de esperanza al que estés desesperada por entrar, el Domingo de Ramos te toma de la mano, la levanta y te muestra el camino. La única forma de tener una vida plena es mantener las palmas de las manos abiertas.

En medio de ese espacio para el lamento auténtico en nuestras angustias es posible crear un espacio para la alabanza auténtica y dejar que la alabanza te abra las manos, los ojos, los oídos y el corazón a Dios. La alabanza auténtica abre la puerta a la vida plena. Cada vez que levantas las manos para alabar a Dios, tu corazón también se eleva.

¿No crees que las cosas puedan cambiar por completo? Ten en cuenta lo que sucede en el Domingo de Ramos, el Viernes Santo y el Domingo de Resurrección. Todo en la vida puede elevarse... y caer... y levantarse de nuevo. El camino a través de la vida plena, independientemente de que las cosas sean difíciles en la vida, es siempre seguir dando gracias, siempre mantener las palmas abiertas y levantadas en alabanza. Debido a la gloria infinita y al amor sobrenatural del Rey Jesús, las cosas pueden cambiar, tú puedes cambiar, las circunstancias pueden cambiar, todo puede cambiar.

Esta es tu peregrinación diaria: puedes abrir las palmas de las manos con confianza, en especial ahora, y entrar.

Solo tendrás un compromiso profundo con Jesús si lo adoras a diario.

NOTAS PARA MI ALMA TRAS ESTA PEREGRINACIÓN AL CORAZÓN DE JESÚS:

DÉJALO IR

Entre los que habían subido a adorar en la fiesta había algunos griegos. Estos se acercaron a Felipe, que era de Betsaida de Galilea, y le pidieron:

—Señor, queremos ver a Jesús.

Felipe fue a decírselo a Andrés y ambos fueron a decírselo a Jesús.

—Ha llegado la hora de que el Hijo del hombre sea glorificado —afirmó Jesús—. Les aseguro que, si la semilla de trigo no cae en tierra y muere, se queda solo. Pero si muere, produce mucho fruto. El que ama su vida la pierde; en cambio, el que aborrece su vida en este mundo la conserva para la vida eterna. Quien quiera servirme debe seguirme; y donde yo esté, allí también estará mi siervo. A quien me sirva, mi Padre lo honrará.

»Ahora mi alma está angustiada, ¿y acaso voy a decir: "Padre, sálvame de esta hora difícil"? ¡Si precisamente para afrontarla he venido! ¡Padre, glorifica tu nombre!

Se oyó entonces, desde el cielo, una voz que decía: «Ya lo he glorificado y volveré a glorificarlo». La multitud que estaba allí y que oyó la voz decía que había sido un trueno; otros decían que un ángel le había hablado.

Esa voz no vino por mí, sino por ustedes —dijo Jesús.

JUAN 12:20-30

Día *23: «El que ama su vida la pierde». Juan 12:25*

SI LO QUIERES, DÉJALO IR.

Deja ir tu vida para vivir. Suelta aquello a lo que te aferras para crecer. Dejar ir todas las pasiones baratas que te tienen atada a amores menores y deja que la pasión de Cristo te saque de la esclavitud y te una al único Amor que nunca te soltará.

Pero es cierto: dejar ir puede sentirse como no prosperar. Dejar ir puede ser aterrador. Dejar ir puede ser muy parecido a caer.

No obstante, puedes oír la voz inesperada del cielo que resuena en tu alma: *A menos que caigas.*

Habrá todo tipo de caídas, todo tipo de fracasos. Habrá caídas que te alejen de él; habrá caídas en toda clase de pecados horribles; habrá caídas duras que rompan corazones frágiles y habrá más fracasos de los que tu corazón puede soportar o atreverse a contar. Pero cuando caes, te conviertes en la pequeña semilla.

«Les aseguro que, si la semilla de trigo no cae en tierra y muere»...

Cada caída se redime cuando dejas que te convierta en una semilla.

Cuando sientes como si todo se desmoronara, quizás estés convirtiéndote en una semilla que cae en la tierra para romperse y convertirse en más.

Cuando te parece que todo se está desmoronando, quizás sea que en, realidad, te estés enamorando de Dios.

Deja ir aquello a lo que te estás aferrando y permite que Dios te haga crecer a la vida.

Había pasado uno o dos días desde la entrada triunfal de Jesús en Jerusalén. Él estaba enseñando en el templo.

Los griegos que habían oído hablar de sus señales, de sus milagros, de sus sanidades, de su caminar, habían venido desde lejos para escuchar la sabiduría del Rey de todas las cosas. Mientras que al principio de la encarnación de Dios los sabios habían venido de Oriente al pesebre, ahora, los sabios de Occidente venían al fin, ante la cruz del Rey, cuando se sacrificaría por la salvación de la humanidad.

«Ha llegado la hora de que el Hijo del hombre sea glorificado —afirmó Jesús». Cristo ya era glorioso y llegaría a ser aún más glorioso a través del sacrificio. No importa cuán glorioso pueda ser Cristo para nosotras, siempre hay más de su gloria para ser revelada a todas las que están dispuestas a rendir el yo.

Cuando Jesús se despojó de sí mismo, fue lleno de la mayor gloria; debido a que fue obediente hasta la muerte, fue resucitado para dar vida.

«Ha llegado la hora [...]. ¡Si precisamente para afrontarla he venido!». En el lenguaje de Dios, el tiempo es para el sacrificio; el tiempo es para dejar ir y rendir la vida; el tiempo es para morir a una misma con el propósito de vivir la vida verdadera.

Jesús miró a los de adentro, aquellos que buscaban matarlo por resucitar un cadáver, porque amenazaba su control del poder. Miró también a los forasteros, los cuales estaban compitiendo para escucharlo, porque se maravillaban de que alguien pudiera tener el poder para resucitar muertos. Los trepadores de la escalera moral y los hambrientos de poder estaban deshechos, porque juzgaban a Jesús según la clase de «don nadie» de quienes se rodeaba. Mientras, los cuerpos heridos de los indigentes fueron rehechos cuando dejaron ir y permitieron que su Amor sanador los tocara. Jesús asintió porque sabía que para eso había venido. El Amor llegó para revolucionar todos los pensamientos, todos los paradigmas, todas las formas en que este viejo mundo cambia, *y nos cambia a todas y todos*. El Cordero que es el León, que es el Amor, que es el Rey de todas las cosas, vino a vivir esta paradoja: el camino para elevarse es descender; el camino para florecer es dejar ir por completo; el camino para obtener grandes rendimientos es rendir grandemente. Deja que cada caída te convierta en una semilla.

Si vives como una semilla, lo que podría romperte se convierte en tu avance.

La forma en que te conviertes en una semilla de posibilidades infinitas es dejarte ir y morir a ti misma con humildad.

Pero si la semilla no muere a sí misma, el poder de la nueva vida no se despliega en su interior. El Espíritu Santo, el catalizador de la nueva vida, solo se mueve y despierta donde primero hay muerte a una misma. Dondequiera que haya muerte al yo, la vida divina florece.

Esta es siempre la paradoja del reino de Dios: a menos que estemos muriendo a diario, no hay vida plena. El escapismo debe morir. El adormecimiento debe morir. La autosuficiencia debe morir. Las adicciones deben morir. Los amores menores deben morir. Cualquiera que ame su vida con pasión más de lo que ama a Jesús la perderá. Vive para ti misma, y no vivirás en realidad.

Pero si pierdes tu vida por amor, vivirás una vida plena. Vive para Dios y para los demás, y vivirás una vida plena y sobrenatural. «Más bien, busquen primeramente el reino de Dios y su justicia, entonces todas estas cosas les serán añadidas» (Mateo 6:33). La forma de ganar más es vivir rendida; la manera de vivir una vida plena es morir a diario; el camino a todo lo que buscas en la vida es a través de vivir un amor cruciforme que está dispuesto a rendirse.

A los ojos de Jesús eres digna de ser amada hasta la muerte, digna de que él cayera en la tierra y muriera por ti para no separarse nunca más de ti. Porque el Amor preferiría morir primero antes que dejar que eso suceda. «Sin su pueblo, Jesús hubiera sido un pastor sin ovejas. [...] Hubiera sido un esposo sin su esposa; pero ama tanto a su esposa que por ese propósito dejó a su Padre y se hizo una sola carne con la que había elegido. Se aferró a ella y murió por ella; y si no lo hubiera hecho, hubiera sido un novio sin esposa. Esto nunca podría ser», escribió Spurgeon[1].

Esto es el todo: la muerte de Cristo es la vida del mundo. Toda la vida verdadera del mundo es, en realidad, el fruto de la muerte de Cristo.

Si la razón por la que Jesús vino fue para ser un mentor o un ejemplo moral, su vida por sí sola no hubiera producido un gran rendimiento en el mundo; más bien, Jesús, por su propio testimonio, declaró que a menos que muriera, su vida no produciría fruto genuino. No fue el ejemplo de Jesús ni sus exposiciones ni sus exhortaciones lo que nos salvó a la vida, sino solo la expresión de su amor en la cruz. Ni su ejemplo ni sus exhortaciones pueden borrar nuestros pecados y errores. Solo su amor sacrificado puede hacerlo. Su enseñanza no es, a fin de cuentas, la puerta a la vida más plena; es su muerte y expiación en la cruz la única puerta hacia la *unificación* con Dios, lo cual es la vida verdadera.

¿Cómo es posible que la pasión de Cristo no mueva el corazón a una pasión más profunda? ¿Cómo puede ser que el humilde e improbable viaje de Jesús montado en un burro, dirigiéndose al amor sacrificial de la cruz y, luego, a su Padre, no nos impulse a seguir sus pasos en esa peregrinación polvorienta hacia la plenitud y el florecimiento?

Contemplando por largo tiempo sus brazos extendidos en amor cruciforme sientes tu corazón agitado, avivado, atraído. Jesús te susurra: «Pero yo, cuando sea levantado de la tierra, atraeré a todos a mí mismo».

Jesús no estaba hablando del levantamiento de su resurrección ni del levantamiento de su ascensión. Jesús estaba hablando de echarse en la cruz, de descender al sepulcro, de ser aplastado como una semilla en la tierra y, luego, ser levantado, resucitado. En los caminos inversos de Dios, la humillación de ser echado en la cruz se convierte en ser levantado para la glorificación de Dios.

Es sorprendente que cuando en realidad amas las cosas eternas de Dios, parece que tuvieras las manos abiertas para dejar ir las cosas materiales y fugaces de este mundo.

Si Jesús no atrajera tu atención ni lo que te atrae ni tu afecto ni tu corazón, ¿dónde exactamente dibujarías a Jesús en el paisaje de tu vida?

Si tu atención es atraída una y otra vez, día tras día, más hacia amores menores que hacia el Amor mismo, ¿eso significa que trazaste para ti una vida menor?

Una entrega total al Amor mismo es el único camino al peregrinaje hacia la vida más plena.

NOTAS PARA MI ALMA TRAS ESTA PEREGRINACIÓN AL CORAZÓN DE JESÚS:

MUJERES DE LA TOALLA

Se acercaba la fiesta de la Pascua. Jesús sabía que le había llegado la hora de abandonar este mundo para volver al Padre. Y habiendo amado a los suyos que estaban en el mundo, los amó hasta el fin.

Llegó la hora de la cena. El diablo ya había incitado a Judas Iscariote, hijo de Simón, para que traicionara a Jesús. Sabía Jesús que el Padre había puesto todas las cosas bajo su dominio, y que había salido de Dios y a él volvía; así que se levantó de la mesa, se quitó el manto y se ató una toalla a la cintura. Luego echó agua en un recipiente y comenzó a lavarles los pies a sus discípulos y a secárselos con la toalla que llevaba a la cintura.

Cuando llegó a Simón Pedro, este dijo:

—¿Y tú, Señor, me vas a lavar los pies a mí?

—Ahora no entiendes lo que estoy haciendo —respondió Jesús—, pero lo entenderás más tarde.

—¡No! —protestó Pedro—. ¡Jamás me lavarás los pies!

Jesús contestó:

—Si no te los lavo, no tendrás parte conmigo.

Simón Pedro dijo:

—Entonces, Señor, ¡no solo los pies, sino también las manos y la cabeza!

Día *24: «Les he puesto el ejemplo, para que hagan lo mismo que yo he hecho con ustedes». Juan 13:15*

—El que ya se ha bañado no necesita lavarse más que los pies —le contestó Jesús—; pues ya todo su cuerpo está limpio. Y ustedes ya están limpios, aunque no todos.

Jesús sabía quién lo iba a traicionar y por eso dijo que no todos estaban limpios.

Cuando terminó de lavarles los pies, se puso el manto y volvió a su lugar. Entonces les dijo:

—¿Entienden lo que he hecho con ustedes? Ustedes me llaman Maestro y Señor y dicen bien, porque lo soy. Pues, si yo, el Señor y el Maestro, les he lavado los pies, también ustedes deben lavarse los pies los unos a los otros. Les he puesto el ejemplo, para que hagan lo mismo que yo he hecho con ustedes. Les aseguro que ningún siervo es más que su amo y ningún mensajero es más que el que lo envió. ¿Entienden esto? Dichosos serán si lo ponen en práctica.

JUAN 13:1-17

EL MANUAL PARA una vida más plena y rebosante es inesperadamente simple: la vida es pasión.

La vida es el amor apasionado que está dispuesto a sufrir, a sacrificarse, a servir, a vivir entregado, a ser —en todas las cosas— cruciforme.

El Amor que baja eleva a todos a lo alto.

El Amor que se arrodilla levanta a todos.

El Amor que se dobla es el que endereza las cosas.

La vida de Dios tiene una sola trayectoria: hacia abajo.

Justo antes de la Pascua, Jesús y sus discípulos se recostaron sobre almohadas alrededor de un triclinio en forma de U. Todos estaban sucios, tenían los pies llenos de polvo y tierra.

Es mucho más fácil *juzgar* la suciedad de los demás que ayudarlos a *lavarla*.

Es más tentador señalar que alguien estuvo en el lodo y el fango que agacharse con una vasija con agua y lavarle las manchas.

El camino del amor no es condenar a los demás por su historia, sino comprometerse con la labor de restaurarlos y ayudarlos a tener una historia nueva.

Este es el camino de tu Rey-siervo: Jesús dejó a un lado tanto su gloria celestial como su vestidura exterior para vestirse de humanidad y envolverse en una toalla. El corazón del Rey del universo es el corazón de un siervo sacrificial. «La forma de Dios no fue *cambiada por* la forma de un siervo; fue *revelada en* la forma de un sirviente. Aunque no lo entendieron en ese momento, en el lavamiento de los pies, los discípulos vieron un raro despliegue de la autoridad y la gloria de la Palabra encarnada, y una rara declaración del carácter del Padre mismo»[1].

Esto es lo que Dios es: Dios en carne humana tomó la semejanza de un siervo porque él es un siervo, para reavivar a los desagradables por amor. Dios bajó y se inclinó porque su pasión siempre baja para levantar a los oprimidos. Justo en este momento, ahora mismo en tu vida, estás siendo levantada, estás siendo elevada, estás siendo lavada, estás siendo renovada.

Esta es la razón por la que Jesús se inclinó: para tomar el peso aplastante de toda la historia y la humanidad, para tomar todo lo que saturaste de lágrimas, cada angustia que cargaste y todo tipo de dolor que tuviste. Él vino a llevarlo todo sobre sus espaldas. Lo que estuvo sobre tu cabeza, él lo lleva en su corazón. Lo que fue una piedra de molino alrededor de tu cuello, él lo lleva en las palmas de sus manos.

Todo quebrantamiento, todo pecado tiene que ir a alguna parte. Si alguien no paga el precio por el pecado, el pecado nunca deja de cobrar la deuda. Alguien tiene que cargar con el precio del pecado o todos seguiremos cargando con las cicatrices. O el pecado sigue haciendo pedazos los corazones o es absorbido por el corazón de Cristo. O sigue magullando y rompiendo y estropeando vidas, esperanzas y corazones o es absorbido en la pasión de Cristo en la cruz. El pecado no se puede detener; solo puede ser absorbido y limpiado en el amor cruciforme de Jesús.

El amor cruciforme de Jesús carga con el dolor que te aplasta y te cuesta, y se convierte en tu camino hacia la libertad integral y genuina. Jesús amó a los suyos hasta el último latido terrenal de su vida: hasta lo sumo.

El Dios con piel convirtió todo lo que está en su lista de deseos en un acto de sacrificio, de servicio, de amor sufriente. En lugar de completar una lista de deseos en sus últimas horas, tomó una vasija de agua y se agachó para lavar los pies de sus amigos y completar este acto sacrificial de amor por ellos; por *ti*. En unas veinticuatro horas, el Rey Cordero colgaría de la cruz. ¿Quién pasa sus últimas horas poniéndose en último lugar? En sus últimas horas Jesús vivió como murió, poniendo a los demás en primer lugar.

Sería abandonado por los suyos y, *a pesar de todo, los amaba*. Los suyos lo dejarían solo; *pero los amaba*. Sería traicionado por los suyos; *pero los amaba. Pero te ama.*

Jesús vertió el agua en una vasija, así como derramaría su sangre en la cruz. Lavó la inmundicia de los pies de los discípulos, así como lava la inmundicia de tu vida, de tu mente, de tu alma.

En el agua sucia de la vasija, Jesús ve tu rostro, y tú puedes ver el suyo. Contempla detenidamente su rostro lleno de amor por ti. Jesús sostiene tus pies golpeados y magullados por las rocas, por el andar en los valles y las pendientes. Jesús te sostiene los pies; pies que llevaron un peso doloroso; pies que fueron encerrados dentro de algo en lo cual no encajaban y era demasiado apretado.

Puedes arriesgarte a sentirte expuesta y necesitada.

No hay vergüenza. Ahora no hay vergüenza.

La mugre que dejó manchas que no se pueden limpiar, la vergüenza de cómo las cosas fueron locamente diferentes de la forma que imaginabas, nada de eso puede hacer que él retroceda o se retracte ni siquiera de una de sus promesas. Jesús nunca retrocede ante tu mugre. Tú nunca tienes que retroceder ante su gracia.

No es poca cosa, por el contrario, lo es todo dejar que Jesús te lave los pies incluso ahora, recibir el toque de su toalla, recibir una gracia imposible, simplemente recibir. Este es un acto de humildad porque ser humilde no es solo dar amor a los demás: ser humilde es estar lista para recibir amor. Tienes la oportunidad de ser amada apasionadamente y limpiada por completo.

Contempla detenidamente el amor de Jesús por ti ahora mismo y quédate aquí.

¿Cómo no vivir como sierva si esa es la forma en la que le muestras tu amor y gratitud? ¿Cómo podrías no convertirte en una mujer de la toalla cuando fuiste tocada por su santa toalla? ¿Cómo podrías pensar en tirar la toalla cuando el amor sacrificial y cruciforme parece difícil si Jesús nos invita a ser mujeres de la toalla para que los demás vean el amor?

Jesús se inclinó con una vasija y encarnó el amor por nosotras, encarnó el plan de la vida más plena. Este acto de lavar los pies, este acto de servicio, este acto de entrega «es una parábola en acción que expone ese gran principio de servicio humilde que encuentra su encarnación suprema en la cruz»[2].

Eso es lo que es: una parábola de pasión. Esta es la historia de amor sobre ser amadas para la vida. A fin de cuentas, Jesús convierte su vida en la vasija que se derrama hasta la última gota para que seas lavada para tener una nueva vida. Tú también puedes derramar tu corazón para que otros vivan plenamente.

¿Quién necesita ser lavada con una gracia tierna y vivificadora?

Siente como tu Amor, Jesús, te entrega una toalla.

¿Y si en tu lecho de muerte tus manos estuvieran agrietadas y tu corazón se ensanchara por una vida de lavamiento de pies, por una vida que extiende amor cruciforme? ¿No sería eso prueba de una vida verdaderamente vivida?

¿Cómo sería, incluso ahora mismo, amar a alguien apasionadamente, sacrificialmente, para que puedas vivir y morir plenamente realizada?

¿Hay acaso una peregrinación más significativa?

NOTAS PARA MI ALMA TRAS ESTA PEREGRINACIÓN AL CORAZÓN DE JESÚS:

AMAR LO IMPOSIBLE

Dicho esto, Jesús se angustió profundamente y afirmó:

—Les aseguro que uno de ustedes me va a traicionar.

Los discípulos se miraban unos a otros sin saber a cuál de ellos se refería. Uno de ellos, el discípulo a quien Jesús amaba, estaba reclinado sobre él. Simón Pedro hizo señas a ese discípulo y le dijo:

—Pregúntale a quién se refiere.

—Señor, ¿quién es? —preguntó él, reclinándose sobre Jesús.

—Aquel a quien yo le dé este pedazo de pan que voy a mojar en el plato —le contestó Jesús.

Acto seguido, mojó el pedazo de pan y se lo dio a Judas Iscariote, hijo de Simón. Tan pronto como Judas tomó el pan, Satanás entró en él.

—Lo que vas a hacer, hazlo pronto —le dijo Jesús.

Ninguno de los que estaban a la mesa entendió por qué Jesús dijo eso. Como Judas era el encargado del dinero, algunos pensaron que Jesús le estaba diciendo que comprara lo necesario para la fiesta o que diera algo a los pobres. En cuanto Judas tomó el pan, salió de allí. Ya era de noche.

Cuando Judas hubo salido, Jesús dijo:

—Ahora es glorificado el Hijo del hombre y Dios es glorificado en él. Si Dios es glorificado en él, Dios glorificará al Hijo en sí mismo y lo hará muy pronto.

Día *25: «Señor, ¿quién es?». Juan 13:25*

»Mis queridos hijos, poco tiempo me queda para estar con ustedes. Me buscarán y lo que antes dije a los judíos, ahora se lo digo a ustedes: Adonde yo voy, ustedes no pueden ir.

»Este mandamiento nuevo les doy: que se amen los unos a los otros. Así como yo los he amado, también ustedes deben amarse los unos a los otros. De este modo todos sabrán que son mis discípulos, si se aman los unos a los otros».

JUAN 13:21-35

HUBO UNA ÉPOCA en que bromeaban y se reían; compartían codo a codo la vida.

Crearon recuerdos ruidosos y risueños alrededor de la mesa; formaron un lazo de amistad verdadero, y en realidad pensaste que siempre estarían para darse una mano, que se cubrirían las espaldas, que siempre estarían cerca.

Pero resulta que... ahora están en tu contra, terminaron viendo una situación de manera completamente diferente a ti o tienen un punto de vista político diferente. O, tal vez, querían que las cosas fueran de otra manera o piensan que deberías ser alguien distinto o hacer las cosas de otra forma.

Está bien decir que te sientes profundamente traicionada.

Está bien confesar que la traición no solo te rompe el corazón, sino que deja tu alma hastiada.

Está bien decir en voz baja que es más difícil perdonar a un amigo cercano que a alguien que nunca fue tu amigo, porque cuando la confianza es profunda, el sentimiento de traición es más profundo.

Jesús sabe lo que es tener tu propio Judas.

Jesús no fue traicionado por Mario, José o un cualquiera; Jesús fue traicionado por uno de sus amigos más cercanos, uno que lo besó cálidamente en la mejilla y, luego, lo traicionó dejándolo solo en el frío para que lo crucificaran.

Fue el Jueves Santo, cuando Jesús se sentó a compartir la última cena. A cada lado de Jesús estaba sentado uno de sus discípulos. Uno de ellos era aquel «a quien Jesús amaba», la forma en que Juan se refiere a sí mismo cuatro veces en su Evangelio. Una vez aquí, en el aposento alto, donde Jesús se inclinó y lavó los pies de todos; una vez en la cruz del calvario, antes de la pasión de Dios (Juan 19:26); una vez en el sepulcro vacío (Juan 20:2); y una vez con el Rey resucitado en el mar de Galilea (Juan 21:20). Cada una de esas veces habla de ser aquel a quien Jesús amaba, porque Juan estaba escondido en el amor de Jesús. No hay manera de vivir plenamente sin estar escondido en el amor apasionado de Dios.

Mientras que a un lado de Jesús estaba sentado «Juan el divino, al otro estaba Judas el diablo. Uno de ellos era el que vería el Apocalipsis; el otro era el hijo de perdición», escribe Spurgeon[1]. Jesús estaba flanqueado por Juan, quien estaba apoyado en los latidos del corazón de Jesús, y Judas, quien estaba contra él. Pero el amor de Jesús late por aquellos que están en su contra: cuando aún éramos pecadores, mientras lo odiábamos, Jesús nos amó hasta la muerte, para que en realidad pudiéramos vivir (Romanos 5:8). Jesús ama hasta la muerte precisamente a aquellos con quienes nos cuesta vivir. Mientras todavía luchábamos por vivir con los difíciles, *Cristo murió por ellos.*

Tu corazón cambia cuando sabes que Cristo murió por aquellos que hirieron tu corazón.

Frente a una gran angustia, el amor de Dios no disminuye, sino que crece. Del mismo modo que Dios, vestido de piel humana, se inclinaba con una palangana llena de agua para lavar los pies sucios y mostrarnos el camino del amor apasionado, ahora le entregaba el pan empapado a Judas.

Así como Jesús empapó el pan y se lo pasó a Judas, nosotros ahogamos todo el mal en un océano de gracia.

Si Jesús pudo mojar el pan en el mismo recipiente que Judas y, luego, pasar el recipiente con gracia, ¿cómo podemos nosotras, quienes fuimos lavadas en la gracia de Cristo, no buscar formas de transmitir toda la gracia que hemos conocido? ¿Cómo no transmitir la bondad de la gracia que hemos probado?

Jesús te mira a los ojos en este momento y te susurra el mandato: «Este mandamiento nuevo les doy: que se amen los unos a los otros. Así como yo los he amado, ustedes deben amarse los unos a los otros. De este modo todos sabrán que son mis discípulos, si se aman los unos a los otros».

Resulta que solo llegas a ser conocida como discípula si eres conocida por tu amor cruciforme.

Con amor es posible tomar cualquier puerta cerrada y convertirla en una mesa abierta.

Donde hay una ruptura relacional, en lugar de romper la comunión con amor, es posible abrir el corazón en oración y preguntarle al Señor si hay una manera segura de volver a partir el pan juntas.

Con amor es posible. Con amor cruciforme rendido puedes vivir con solo once palabras: *Ámense los unos a los otros como Cristo los ha amado.*

Esto es lo que sucedió el Jueves Santo: la noche en que Jesús fue *traicionado*, Jesús encontró la forma de seguir *siendo amor*.

Tu vida también conoció todo tipo de traiciones: la noche en que el hijo pródigo te rebanó el corazón; la noche en que tu jefe traicionó tu confianza y perdiste tu trabajo; la noche en que tu amiga dijo palabras que no se pueden desdecir y salió atropelladamente por la puerta principal; la noche en la que todas tus esperanzas y tu vida cotidiana parecían traicionarte; la noche en la que parecía que el amanecer nunca volvería. Incluso en esas noches, el pueblo de Jesús todavía puede dar gracias por la cercanía de Jesús, el consuelo de Jesús, la compasión de Jesús, la bondad de Jesús, el parentesco de Jesús.

Cuando Jesús tuvo que luchar contra la oscuridad, mirando directamente a la situación imposible de la cruz, abandonado por su círculo de amigos, ¿qué hizo? De un universo de opciones sobrenaturales al alcance de sus manos, lo que Jesús determinó hacer fue tomar el camino más revolucionario a seguir.

La noche en que Jesús fue traicionado dio gracias.

Si Jesús puede dar gracias en esa situación, ¿es posible dar gracias con valor ante cualquier situación? Si Jesús puede dar gracias en ese tipo de angustia, ¿cómo no vamos a encontrar formas de dar gracias en la nuestra?

¿Y cuándo es brutal y tan difícil que parece imposible? Jesús viene y se sienta a tu lado.

Él parte este pedazo de pan blando, y sentimos cómo nuestro corazón roto también se ablanda. Extendió la mano para entregarle el pan a Judas, y con la otra mano nos pasa el pan a nosotras.

Todas nosotras somos los Judas que también traicionaron a Jesús.

¿Y qué podemos hacer sino tomar el pan, murmurar también nuestro sincero agradecimiento, ofrecer ayuda y amar sacrificialmente siguiendo su ejemplo?

Esto no es menos cierto: debido a la noche en que Jesús fue traicionado, nosotras también podemos dar gracias. Damos gracias porque Jesús da gracia a los Judas como nosotras. Cuando reflexionamos sobre lo grandes que son nuestros propios pecados, ¿cómo no tener gratitud y gracia abundantes por todos los demás pecadores arruinados? Cuando sabemos cuánta gracia se nos dio para cubrir nuestras propias traiciones a Jesús, ¿cómo no vamos a extender gracia a los demás por sus traiciones?

Una vez que Jesús fuera marcado por la cruz, el amor sería la marca de su pueblo, a través del cual él dejaría una marca en el mundo.

Gracias al Amor la vida puede venir.

Jesús nos mostró que el perdón amoroso es siempre el más vivificante.

Cuando Judas salió del aposento alto, Jesús miró hacia la cruz. Él sabía lo que le esperaba: arresto, juicio, tortura, humillación, condenación y crucifixión. Jesús llamó a esta clase de amor sacrificial nada menos que *gloria*.

La angustia y las dificultades no son obstáculos para nuestro amor por Dios, sino que, a menudo, son los catalizadores que nos hacen caer en los brazos de su amor.

Mientras que el mundo puede mirar y decir: «¡Qué terrible crucifixión!», quienes viven en el amor de Jesús pueden confiar en que un bien milagroso puede salir incluso de todo esto, y decir: «Aun así, bellamente glorificado».

El mandato para aquellos que siguen a Cristo es vivir la pasión de Cristo: amar cada día que estamos en la Tierra, como Jesús nos amó hasta la muerte en su último día en este planeta. Este es el modo de resucitar cada día a una vida nueva, de hacer que el ritmo de nuestros días sea precisamente este estribillo: «Como Jesús me amó...».

Porque Jesús me amó de tal manera, permíteme encargarme de eso por ti. Como Jesús me amó, permíteme darte no solo el beneficio de la duda, sino una gracia asombrosa. Como Jesús me amó, permíteme perdonarte. Así como Jesús me amó para darme vida, permíteme amarte con mi vida.

A medida que nos amamos unas a otras como Cristo nos ama, incluso a quienes nos rompieron el corazón, terminamos amando a los demás mucho más de lo que nunca creímos posible, porque sentimos que somos amadas por Cristo mucho más de lo que podríamos imaginar. El amor perdonador de Jesús nos muestra el camino para seguir dando amor milagrosamente, en especial cuando parece imposible.

Haz una pausa en medio de tu valiente peregrinación hacia la Vida verdadera y da gracias por la gracia de Dios, incluso en tus momentos difíciles, verás que en realidad tienes más que suficiente de la gracia de Dios para transmitir a los demás en sus momentos difíciles.

NOTAS PARA MI ALMA TRAS ESTA PEREGRINACIÓN AL CORAZÓN DE JESÚS:

UNA VEZ

QUE JESÚS FUERA

MARCADO POR

LA CRUZ,

EL AMOR SERÍA

LA MARCA

DE SU PUEBLO.

EL CAMINO

No se angustien. Confíen en Dios y confíen también en mí. En el hogar de mi Padre hay muchas viviendas. Si no fuera así, ¿les habría dicho yo a ustedes que voy a prepararles un lugar allí? Y si me voy y se lo preparo, vendré para llevármelos conmigo. Así ustedes estarán donde yo esté. Ustedes ya conocen el camino para ir adonde yo voy.

Dijo entonces Tomás:

—Señor, no sabemos a dónde vas, así que ¿cómo podemos conocer el camino?

—Yo soy el camino, la verdad y la vida —contestó Jesús—. Nadie llega al Padre sino por mí. Si ustedes realmente me conocieran, conocerían también a mi Padre. Y ya desde este momento lo conocen y lo han visto.

JUAN 14:1-7

Día *26: «Yo soy el camino». Juan 14:6*

¿CÓMO HACER PARA encontrar el mejor camino hacia la vida plena y verdadera teniendo una sola vida? No dejes que tu corazón se llene de angustia. No dejes que tu corazón se inquiete con ninguna preocupación en este mundo; que tu corazón solo se agite de afecto por Jesús, el amor de tu vida.

La afirmación aparentemente extravagante que salió de la boca del Rey de todo: «Yo soy el camino, la verdad, y la vida [...] nadie llega al Padre sino por mí» solo puede venir de Aquel que no es de ningún lugar que esté dentro de los muros de este mundo; del Único que puede tranquilizar nuestro corazón con una paz sobrenatural.

Tal vez nada de lo que Jesús afirmó sea más reconfortante o más controvertido.

¿Quién podría decir tan osadamente que es la única verdad, el único camino, la única vida?

Según dicen, somos como un ciego que lee a lo largo de la piel de un elefante como si fuera braille, seguros de que todo el elefante es la pata que estamos palpando o a la cola o la trompa. Hasta que la única persona que ve, el Rey, nos dice con sinceridad que el elefante es una bestia grande y que cada uno de nosotros ha tocado solo una parte. Como escribe Lesslie Newbigin: «Si el rey también fuera ciego, no habría historia. La historia es contada por el rey, y es la afirmación inmensamente arrogante de alguien que ve la verdad completa que todas las religiones del mundo buscan a tientas. Encarna la pretensión de conocer la realidad completa que relativiza todas las pretensiones de las religiones y filosofías»[1]. También se podría decir que, si alguien afirma que nadie puede tener toda la verdad en sí, ¿esa persona estaría dando por sentado de manera arrogante que tiene el conocimiento superior y toda la verdad acerca de la verdad?

Y, como escribe Greg Koukl: «Este es un factor que la ilustración no permite: ¿y si el elefante hablara? La afirmación del cristianismo es que el hombre no aprende acerca de Dios a tientas. Sino que el descubrimiento ocurre a través de la propia autorevelación de Dios»[2].

Dios no nos deja andar a tientas, buscando una parte de él. Nuestro Dios habla. El dialecto de Dios es Jesús, y su lengua es la verdad.

De todos los grandes sabios de la historia, solo uno habla la verdad a través de sus labios: «Yo soy el camino».

Muchos ayudaron a las personas a vivir una vida mejor, pero solo uno puede llevarnos en una peregrinación que nos transforma de muertos andantes a vivos que viven la vida verdadera. En un mundo que afirma que toda verdad es relativa, uno es la Verdad única. Solo un hombre que es la deidad misma podría decretar tal cosa. En solo unos cuantos años, esta creencia anclada en quién Jesús es movería a innumerables personas a adorarlo de rodillas como Dios real en lo alto: el Camino, la Verdad, la Vida.

Porque en el caso de un hombre muerto que llevaba cuatro días pudriéndose en una tumba, la mera voz del Amor mismo agitó su corazón en descomposición para que latiera de nuevo, y el hombre se incorporó. Jesús no se encogió ante la señal cósmica, sino que dijo: «Yo soy la resurrección y la vida» (Juan 11:25).

Porque cuando un niño trajo cinco simples panes partidos, su pequeño almuerzo alimentó los estómagos de los cinco mil hombres hambrientos. Ese muchacho subió al estrado de los testigos cuando Jesús testificó a todo un mundo de anhelos: «Yo soy el pan de vida» (Juan 6:35).

Porque cuando el ciego que vivía en un mundo de densa oscuridad recibió sobre sus ojos el calor de la saliva de Dios untada con tierra arenosa, se le cayeron las escamas y estuvo a punto de partirse en dos al sentir el color radiante que pintaban las palabras de Jesús: «Yo soy la luz del mundo» (Juan 8:12; 9:5).

Las siete grandes afirmaciones «Yo Soy» de Cristo, registradas por la pluma de Juan, están enfatizadas por las siete señales de Cristo: desde la milagrosa conversión del agua en vino exquisito, pasando por la curación de la fiebre del hijo del funcionario descaradamente fiel, hasta los pies del Hijo de Dios que encontraron la solidez de un camino sobre las olas.

Todas las señales de Jesús apuntan al amor cruciforme de Cristo. Todas las palabras de Jesús proclaman audazmente la deidad y la identidad misma de Cristo. Las señales pueden apuntar a quién es Jesús, pero queda claro que Jesús señala a cualquiera que esté dispuesto a escuchar quién es él en realidad. Jesús afirma audazmente que él no es solo amoroso. Él es el Amor. No es una señal que apunta a cosas verdaderas; es la Verdad. No es solo cualquier camino; es el Camino. No es solo dador de vida; es la Vida.

Juan dijo desde el principio: «En él estaba la vida» (Juan 1:4). Y Juan no podía dejar de enfatizar que Jesús es el único salvavidas para la vida verdadera: «Y el testimonio es este: que Dios nos ha dado vida eterna y esa vida está en su Hijo. El que tiene al Hijo, tiene la vida; el que no tiene al Hijo de Dios, no tiene la vida» (1 Juan 5:11-12). Quédate en él, y permanecerás viva. Déjalo, y dejarás de vivir. La Vida vino para que pudieras vivir en realidad: «Yo he venido para que tengan vida y la tengan en abundancia» (Juan 10:10). Si permaneces en Jesús e invitas a Jesús a morar en ti, la Vida verdadera está en ti, y tú estás en la Vida verdadera. Tu vida nunca terminará: «Yo les doy vida eterna y nunca perecerán» (Juan 10:28).

La unión con Jesús, la Vida, es el único camino para tener vida.

Jesús es la Vida, el corazón donde tu vida encuentra su latido, las arterias que bombean esperanza a tus venas, los pulmones que te mueven a ser lo que estás destinada a ser y la mano que te lleva a una conexión íntima.

El amor y la pasión de Jesús quieren todo tu amor y tus pasiones.

El destino de la peregrinación es la conexión. El destino que buscamos es la intimidad.

Jesús es el Camino. El camino para experimentar la intimidad, la pasión, la presencia, el paraíso y la Tierra Prometida de Dios. Jesús es el único camino que nos lleva de conocer a Dios solo como legislador a conocerlo también como Amante. Jesús es el único camino que te lleva de conocer a Dios como alguien enojado contigo a conocerlo como alguien que siente pasión por ti; de creer que solo está decepcionado contigo a aceptar que se deleita incansablemente en ti. Siente la caricia de la mano de Jesús, y sentirás la compasión de Dios. Observa a Jesús arrodillarse para levantar con ternura la barbilla de una mujer avergonzada, y verás cómo el corazón de Dios se inclina hacia el tuyo. Jesús, la Palabra encarnada, narra el corazón de Dios. Porque Jesús *es* Dios. Dios no es un Padre golpeador que clava a su Hijo con su ira. Jesús es el Dios que clava su amor comprometido hacia ti para siempre a través de la pasión sufriente de su Hijo. Jesús no es solo un hombre culto que explica con lógica el significado de la vida. Es el logos excepcional del mundo (Juan 1:1). La Palabra que es la única lógica del significado de la vida. Tus desordenes sin sentido encuentran significado en él; tus escombros ocultos encuentran una resurrección esperanzadora en él; y cada prueba y aungustia descubre el significado más profundo en él.

Has escuchado: «Di tu verdad. Vívela». Pero Jesús es la única Verdad con brazos para sostenerte, con un corazón que late tan fuerte y cerca como para revivir el tuyo y con ojos tiernos que se encuentran con los tuyos. Te extiende manos cicatrizadas para secar cada lágrima. Toda otra verdad es una abstracción. Solo Jesús es la Verdad, afecto santo.

La Verdad absoluta es una persona que te ama absolutamente y no puede *no* amarte, porque él es Amor. ¿Qué amores menores podrías soltar para enamorarte más profundamente de él?

El Rey Jesús les dijo a sus amigos que se iría, pero que él era el Camino que abría el camino, el Señor del cielo y de la tierra que partía al cielo para poder diseñar una morada más magnifica que cualquier cosa que tus ojos hayan visto o que tu corazón pueda imaginar. ¿Qué más puedes pedir cuando sabes que él va a regresar por ti?

Siente como toda tu ansiedad se calma porque no tienes que conocer la ruta. Solo necesitas conocer al Camino. No necesitas un mapa para toda la vida; tienes a Jesús, quien es la Vida y el Camino.

Tu corazón afirmado siente su suave caricia. «Sígueme. Yo soy el camino, la verdad y la vida. Sin el camino no hay marcha; sin la verdad no hay conocimiento; sin la vida no hay vivir. Yo soy el camino que debes seguir; la verdad en la que has de creer; la vida por la cual debes esperar. Yo soy el camino inviolable; la verdad infalible, la vida sin fin. Yo soy el camino más recto; la verdad soberana; la vida verdadera, la vida bendita, la vida no creada», escribe el antiguo Tomás de Kempis, sobre el corazón de Jesús[3].

El éxito, los galardones, las vacaciones, el romance, la familia, el deslumbramiento y los sueños no son la vida. *Jesús* es la Vida. Tienes todo lo que necesitas para la vida que deseas si tienes a Jesús.

NOTAS PARA MI ALMA TRAS ESTA PEREGRINACIÓN AL CORAZÓN DE JESÚS:

TU ABOGADO DEFENSOR

Si ustedes me aman, obedecerán mis mandamientos. Y yo pediré al Padre y él les dará otro Consolador para que los acompañe siempre: el Espíritu de verdad, a quien el mundo no puede aceptar porque no lo ve ni lo conoce. Pero ustedes sí lo conocen, porque vive con ustedes y estará en ustedes. No los voy a dejar huérfanos; volveré a ustedes. Dentro de poco el mundo ya no me verá más, pero ustedes sí me verán. Y porque yo vivo, también ustedes vivirán. En aquel día ustedes se darán cuenta de que yo estoy en mi Padre, ustedes en mí y yo en ustedes. ¿Quién es el que me ama? El que hace suyos mis mandamientos y los obedece. Y al que me ama, mi Padre lo amará; y yo también lo amaré y me manifestaré a él.

Judas (no el Iscariote) le dijo:

—¿Por qué, Señor, estás dispuesto a manifestarte a nosotros y no al mundo?

Le contestó Jesús:

—El que me ama obedecerá mi palabra y mi Padre lo amará; vendremos a él y haremos nuestra morada en él. El que no me ama, no obedece mis palabras. Pero estas palabras que ustedes oyen no son mías, sino del Padre que me envió.

»Todo esto lo digo ahora que estoy con ustedes. Pero el Consolador, el Espíritu Santo, a quien el Padre enviará en mi nombre, les enseñará

Día *27: «No los voy a dejar huérfanos». Juan 14:18*

todas las cosas y les hará recordar todo lo que he dicho. La paz les dejo; mi paz les doy. Yo no se la doy a ustedes como la da el mundo. No se angustien ni se acobarden.

JUAN 14:15-27

ES DE MADRUGADA, estás de pie mirando por la ventana. Tienes las manos alrededor de tu primera taza humeante. Ves el cielo que se ilumina de esperanza, pero, de repente, como un destello, aparece la escena de un viejo pecado y sientes cómo se burla de ti el acusador. Tu memoria arde.

Estás hasta los codos en espuma fregando sartenes quemadas y, de la nada, recuerdas algo que hiciste y que estás desesperada por eliminar de tu memoria.

Tu cabeza rueda por la almohada y sientes ese siseo frío que recorre la curva de tu cóclea, el recuerdo de algún fracaso que morirías por arreglar aprovecha tu desvelo.

Sientes que tu incapacidad para ser completamente perfecta nunca deja de destrozarte por completo. Tu conciencia nunca deja de transformarse en una sala de tribunales. Estás cansada de todo esto porque eres la acusada.

Pero incluso ahora existe un profundo alivio porque nunca te quedarás sin ayuda. Nunca tendrás que encontrar tu propio camino. Nunca te encontrarás abandonada, porque tienes al Dios del universo viniendo a ti, viniendo por ti, *porque su propósito es ayudarte*.

Jesús acababa de sostener los talones mugrientos de los discípulos en la palma de su mano y de encarnar su pasión sacrificial por cada uno de ellos. Entonces, encontró sus ojos y también encuentra los tuyos, y susurra: «El que me ama obedecerá mi palabra».

Tus ojos encuentran los suyos y te preguntas: ¿cómo podría hacerlo? ¿Cómo puedo seguir amándolo lo suficiente como para cumplir su Palabra? ¿Y cómo me ayuda todo esto a mantenerme en el camino hacia la vida verdadera?

La realidad de la que pocos hablan es que amar sin guardar su Palabra solo te mantiene en una emocionalidad barata y obedecer su Palabra sin amor solo te mantiene esclavizada a un legalismo aplastante.

Sientes que el fracaso de no poder obedecer su Palabra, la Palabra que te mantiene en la vida más plena, es en realidad el fracaso de no seguir amándolo en algún momento de tu vida. Y tu corazón se rompe porque no hay dolor más grande que el no poder amar como te gustaría; amar es vivir.

Amar es vivir.

Lees la verdad en sus ojos. La verdad que te dice que obedecer su Palabra es lo que revela tu amor por él. Es tu amor por él lo que te sigue alimentando para cumplir su Palabra. Este es el círculo virtuoso de la vida plena.

Solo el amor que cumple su Palabra puede seguir diciendo que lo ama. El amor hacia él es lo que despliega la vida verdadera en nosotras.

Solo puedes seguir cumpliendo su Palabra si sigues avivando el calor de tu pasión por él. Este es el propósito del ser.

Amar es vivir.

Tu ardiente pasión por Jesús te motiva, primero, a vivir según su Palabra y, luego, a permanecer profundamente arraigada en él. A su vez, esto lo lleva a él a morar en *ti*. El corazón donde residen el amor y la obediencia es donde Dios se traslada para hacer su hogar.

Pero todo esto parece devastadoramente imposible. Jesús lo sabe.

Si bien fuiste elegida para amar a Cristo por encima de todo, te cuesta comprometerte con el trabajo diario de amarlo solo a él. Recibes más que solo ayuda para amar a Dios. De hecho, te designaron otro Ayudante de tiempo completo que llama a tu corazón su hogar.

Solo en un lugar del Nuevo Testamento, aparte de estos tres capítulos de Juan, se usa la palabra *paraklētos* para describir al Ayudador: 1 Juan 2:1, también escrita por Juan: «Mis queridos hijos, les escribo estas cosas, para que no pequen; pero si alguno peca, tenemos un abogado que defiende nuestro caso ante el Padre. Es Jesucristo, el que es verdaderamente justo».

Jesús mismo es tu primer Paracleto, tu Abogado, quien vive para abogar por ti, interceder por ti y defenderte. Abogar por ti es ahora el trabajo de tiempo completo de Jesús, las veinticuatro horas del día, los siete días de la semana. Jesús nunca deja de hacer, nunca deja de prestar atención, nunca pierde la pasión.

Aquel que con su voz hizo cantar al cosmos a través del espacio se convirtió en tu abogado e intercede por ti en la sala del tribunal cósmico. Aquel que hizo que las montañas se erigieran como una valla en el borde costero de la tierra es Aquel que se erige como tu defensa protectora ante el Juez cósmico. Aquel que sostiene los océanos estruendosos en las palmas de sus manos también detiene toda condenación contra ti con manos llenas de cicatrices por las heridas de clavos, las cuales llevan grabadas las letras de tu nombre.

Es de suma importancia notar que la defensa de Jesús no es simplemente apelar a la lástima del Juez, sino que su defensa apela a la justicia divina. Sí, volviste a fallar, pero también es verdad que *él ya pagó el precio de todas tus fallas*. No estás sola en ningún desastre en el que se haya enredado tu vida. Puedes fallar una y otra vez, pero así mismo tu Abogado señala incansablemente, una y otra vez, a la ley que ya fue satisfecha y cumplida a través de su sacrificio por ti. Tu fiscal puede señalar tus fallas tantas veces como quiera. Pero tu abogado señala más veces de las que puedas imaginar tu nombre grabado en sus manos con cicatrices marcadas por los clavos. Señala a la pasión por ti que lo llevó a la cruz para morir en tu lugar, de modo que, por ley, el Juez *tiene* que dejarte libre, sin *absolutamente ninguna condenación*. Estás absuelta por completo de todo lo que hiciste mal, no porque tu Abogado te haya sacado de la prisión, sino porque tu Abogado se hizo cargo de ti y asumió toda tu condenación. Aún más, dado que su amor es apasionado por ti nunca se rinde.

Cualquiera que haya estado en un juicio sabe y puede dar testimonio de que el Abogado es el todo del acusado. Aquel que está en tu defensa se convierte en toda tu identidad. Su sabiduría es considerada tuya, su lógica es considerada tuya, su rectitud es considerada tuya, su perfección absoluta es considerada tuya. Y tu corazón se convierte en suyo. *Para siempre.*

Una vez que Jesús es tu abogado, tu paz es *absoluta*. Una vez que Jesús es tu abogado, tu posición está *asegurada*. Una vez que Jesús es tu abogado, eres *aprobada* para siempre. Y su pasión por ti enciende tu pasión por él.

Amar es vivir.

Tu Abogado es más que un buen defensor. Tu Abogado es el amor perfecto por ti, quien cumple la ley por ti y luego *pide estar contigo para siempre*. La forma en que Jesús te representa da testimonio a todos de que su presencia es tu regalo más precioso.

Jesús quiere que siempre estés acompañada, que siempre tengas un Abogado que venga de parte de él: otro Paracleto y Ayudador, Alguien que esté contigo en persona, que sea amigo, consejero, consolador, fortalecedor, animador: un *segundo* Abogado. Este segundo Paracleto, el cual literalmente significa aquel que está a tu lado y te está llamando o hablando, no es un sargento de instrucción que ladra órdenes ni un entrenador que toma decisiones por ti. Más bien, el Paracleto es otro Abogado que está a tu lado y habla por ti porque su propósito es ayudarte.

Aunque el diablo sea tu acusador diario, tienes al Espíritu Santo como tu propio Ayudante divino todos los días. Cuando el Espíritu Santo mora en ti, te llenas de asombro por su santo poder, el cual obra a través de ti. Con el Espíritu contigo, con el Espíritu en ti, con el Espíritu para ayudarte, no hay distancia entre Dios y tú.

Vale la pena detenerse en el hecho de que toda distancia entre nosotras y Dios está ahora *diezmada* porque el mismo Dios *habita en nosotras*.

Tu segundo Abogado, el Espíritu Santo, es como un reflector para ti, alguien que siempre te acompaña para que no tropieces en la oscuridad. «Cuando la iluminación está bien hecha, los reflectores están colocados de tal manera que no se ven; de hecho, no se supone que debas ver de dónde viene la luz; lo que se supone que se debe ver es simplemente el edificio sobre el cual se enfocan los reflectores —escribe J. I. Packer—. Esto ilustra perfectamente el papel del Espíritu del nuevo pacto. Él es, por así decirlo, el reflector oculto que brilla sobre el Salvador. [...] El Espíritu, podríamos decir, es el casamentero, el agente matrimonial celestial, cuyo papel es unirnos a nosotros y a Cristo y asegurar que permanezcamos juntos»[1].

El segundo Abogado es un reflector en tu vida que brilla sobre el primer Abogado. Sabes que el Espíritu está dentro de ti porque *todo* en tu vida ahora gira en torno a él. Tu corazón se convierte en suyo, apasionadamente fusionado con Cristo. Cristo se traslada a vivir en ti para hacerte su residencia para siempre.

Amar es vivir. Tu hogar, *tu vida*, está donde está tu corazón.

Cuando Dios se traslada para hacer su hogar en ti, los problemas no pueden moverte porque Dios mismo guarda tus puertas; Dios mismo mantiene el aceite de medianoche ardiendo para cuidarte, Dios mismo sigue avivando el hogar de tu corazón con más de sí mismo.

¿Cómo puede tu corazón estar angustiado cuando Dios hace su hogar de tiempo completo en tu corazón? Es posible que tengas problemas en tus días pero no problemas que en realidad puedan arruinarlos. Cuando el Amor mismo se traslada a las habitaciones ansiosas de tu corazón, no hay lugar para la desesperanza porque su amor es nuestra esperanza segura y cierta.

No te enfrentas sola a lo desconocido, a las preguntas sin respuestas, a lo imposible, al acusador, a los fracasos, al futuro; te enfrentas al rostro de Dios. Tienes un Abogado que trae una paz que es invulnerable; una paz fortalecida con los clavos de la cruz; una paz que te defiende y te cubre. El abogado ardiente y lleno de cicatrices de clavos no permitirá que ninguna acusación te toque jamás, porque solo él te sostiene. Cuando dices sí a la defensa y al amor divino del Abogado, él se traslada a tu corazón con una paz perfecta que renueva cada espacio dentro de ti; puedes sentirla.

Obtienes la eternidad de la vida compartida; obtienes la verdadera unión, comunión y armonía con él.

Amar es vivir.

En todo momento, el Amor mismo te impulsa en tu peregrinación hacia el hogar y hacia él. En todo momento, la realidad es que ya eres el hogar de Dios.

NOTAS PARA MI ALMA TRAS ESTA PEREGRINACIÓN AL CORAZÓN DE JESÚS:

¿CÓMO PUEDE
TU CORAZÓN ESTAR
ANGUSTIADO
CUANDO DIOS HACE
SU HOGAR DE
TIEMPO COMPLETO
EN TU CORAZÓN?

PERMANECER EN ÉL

Yo soy la vid verdadera y mi Padre es el labrador. Toda rama que en mí no da fruto la corta; pero toda rama que da fruto la poda para que dé más fruto todavía. Ustedes ya están limpios por la palabra que les he comunicado. Permanezcan en mí y yo permaneceré en ustedes. Así como ninguna rama puede dar fruto por sí misma, sino que tiene que permanecer en la vid, así tampoco ustedes pueden dar fruto si no permanecen en mí.

Yo soy la vid y ustedes son las ramas. El que permanece en mí, como yo en él, dará mucho fruto; separados de mí no pueden ustedes hacer nada. [...]

Y este es mi mandamiento: que se amen los unos a los otros como yo los he amado. Nadie tiene amor más grande que el que da la vida por sus amigos. Ustedes son mis amigos si hacen lo que yo les mando. Ya no los llamo siervos, porque el siervo no está al tanto de lo que hace su amo; los he llamado amigos, porque todo lo que a mi Padre le oí decir se lo he dado a conocer a ustedes. No me escogieron ustedes a mí, sino que yo los escogí a ustedes y los comisioné para que vayan y den fruto, un fruto que perdure. Así el Padre les dará todo lo que pidan en mi nombre. Este es mi mandamiento: que se amen los unos a los otros.

JUAN 15:1-5, 12-17

Día *28: «Yo soy la vid verdadera». Juan 15:1*

NO ERES CONOCIDA por ser la que fracasó o a la que más le cuesta todo. No se te identifica como la que menos gusta, la que simplemente es tolerada, la que se perdió la oportunidad de ser alguien, la que se equivocó en todo, la que quedó archivada en un estante, la que recibió el telegrama de despido. No eres tú a la que dejan al margen de todo, a la que dejan para lo último, la que es avergonzada. No eres tú la que no es suficiente, a la que nadie incluye ni recuerda. No eres eso o aquello que te susurras a ti misma a las tres de la mañana.

Lo que sea que haya sucedido no define quién eres.

Lo más definitivo acerca de ti es que eres a quien Jesús en definitiva ama.

Lo más verdadero y duradero acerca de ti es que el Amor mismo, Jesús mismo, te ama y en verdad mora en ti.

Lo que Dios dice acerca de tu identidad es *quién eres* en realidad.

Tu identidad no se basa en lo que piensas de ti misma ni en lo que los demás piensan de ti. Tu identidad se basa en el amor que Dios en realidad canta sobre ti (Sofonías 3:17).

En medio de las angustias y los fracasos, la única manera de salir adelante es imaginarte a ti misma como una ovejita vulnerable que permanece en los brazos de Jesús y dejar que el Dios trino mismo haga todo a través de ti, llevándote en sus brazos a través de todo lo que te pasa.

Permanecer en Dios es vivir en Dios. Sus brazos son tu hogar. Los latidos de su corazón regulan los tuyos. Su cuerpo es la protección de tu alma.

A pesar de lo desconcertante que puede ser la palabra *permanecer*, en realidad, los teólogos la consideran una de las palabras más importantes de toda la Biblia. Toda la vida de Cristo *tiene que ver enteramente con la permanencia*. Así como el cordero mora en los brazos del Buen Pastor, como el pámpano mora en la vid fecunda, el alma permanece en la vida de Dios.

Como el cordero está unido al pastor, como el pámpano está unido a la vid, permanecer en Dios es estar *unida* a Dios.

Como escribe el teólogo Andrew Murray: «Durante la vida de Jesús en la Tierra, la palabra que usó principalmente al hablar de la relación de los discípulos con él fue: "Sígueme". Cuando estaba a punto de partir hacia el cielo, les dio una palabra nueva para expresar su unión más íntima y espiritual. La palabra escogida fue: "Permanezcan en mí"»[1]. Permanecer deriva del latín *permanēre*, lo cual significa: «Mantenerse sin mutación en un mismo lugar, estad o calidad».

Sigues adelante mientras permaneces en Jesús.

Sigues adelante, permaneciendo de manera constante en Jesús.

El peregrinar hacia la vida verdadera ocurre *permaneciendo en Jesús* cada momento de tu vida.

En griego, la palabra para *morar* es *menó* y significa: «permanecer, residir, establecer residencia permanente» o «sentirse como en casa».

Permanecer en Cristo es estar como en casa con Cristo. Esto significa que tu alma está como en casa con él, que tus amores, pasiones, deseos, anhelos y comodidades están más a gusto en Jesús.

La expiación en la cruz fue para que Cristo estuviera como en casa contigo.

Permanecer en Cristo significa nada menos que residir plenamente en Cristo. Es decir: Jesús es nuestra pasión, Jesús es nuestra persona favorita, Jesús es nuestra residencia principal. Jesús solo pasa de ser una idea abstracta a ser nuestra realidad cuando trasladamos nuestra vida a él para permanecer en él, residir en él.

Las personas más sanas viven en los brazos de Jesús. Así como el cordero vive con el pastor —vive a la sombra de cada paso del pastor, vive en los brazos seguros del cuidado del pastor—, permanecer en Cristo es ser de un mismo sentir con Cristo: poner ante nuestros ojos lo que Cristo pondría ante los suyos, escuchar lo que él escucharía, leer lo que él leería. Permanecer en Cristo es tener comunión ininterrumpida con Cristo.

Resulta que puedes aparentar ser cristiana y no estar morando en Cristo en verdad. Puedes ir a la iglesia y no ser una con Cristo. Puedes abrir la Palabra y no ser una con la Palabra. Puedes estar conectada a una vida de fe y no ser una con la Vida Misma. Solo cuando vives, te mueves y tienes todo tu ser en él, puedes vivir *plenamente*.

No tienes vida fuera de la Vid. La rama está absolutamente muerta a menos que esté unida a la vid. Tu vida no es la vid de tus elogios; tu vida no es la vid de tu comodidad, tus logros, tus relaciones, tu familia, tu salud, tus planes o tus expectativas; la vid de tu vida es Jesús. *Jesús es la vida.*

Estar unidas a Jesús es vida.

Cuando la vid de tu vida es Jesús, nada puede robar tu alegría, tu fruto ni tu crecimiento.

Lo más definitivo acerca de ti es que eres a quien Jesús *en definitiva* ama. Trasládate a él, muévete en él y observa cómo él mueve la vida y los frutos a través de ti. No hay vida *abundante* sin *permanecer* conscientemente en Cristo. Permanecer en Cristo siempre conduce a frutos abundantes en nuestra vida. Solo estar llenas de Cristo puede hacer que la vida sea fructífera. Lo más vital para una vida de vitalidad es la unión con Cristo.

No puedes vivir una buena vida por ti misma; necesitas que Aquel que *es* bueno viva su vida a través de ti.

La *felicidad* suprema es, en realidad, *la fecundidad* genuina.

En realidad, es un alivio no tener que conseguir la fruta ni estresarse por la producción de la fruta ni pegar con cinta adhesiva alguna fruta falsa. Tienes un trabajo y solo un trabajo: todo lo que tienes que hacer es permanecer en Cristo, estar más a gusto en Cristo, renunciar a todas las demás residencias y hacer de Cristo tu residencia principal. No necesitas un libro de autoayuda, no necesitas un plan de cinco pasos; simplemente necesitas permanecer en la vid. Permanece en el Pastor, permanece en la Vid; el Jardinero Mismo producirá el fruto abundante; el Pastor Mismo protegerá tu vida. El Pastor hace todo el trabajo. El Jardinero hace todo el trabajo. Tu trabajo es simplemente el trabajo de descansar, permanecer en él, quedarte en él, estar más a gusto en él.

Jesús nunca te pediría que hicieras la obra de permanecer en él si él no estuviera primero morando en ti, haciendo todo el trabajo. Todo el trabajo que tienes por delante es, simplemente, la obra de Jesús dentro de ti. Solo puedes morar en Dios y estar en casa en él porque Dios mora en ti y ya está en casa *dentro de ti*.

«El camino cristiano es diferente: más difícil y más fácil —escribe C. S. Lewis—. Cristo dice: "Dame todo. No quiero que des mucho de tu tiempo ni de tu dinero ni de tu trabajo: te quiero a ti. No vine a atormentar tu ser natural, sino a matarlo. Ninguna medida a medias es buena. No quiero cortar una rama aquí y otra allá, quiero voltear todo el árbol. [...] Entrega todo el ser natural, todos los deseos que consideras inocentes, así como los que consideras malvados; todo el paquete. En su lugar, te daré un nuevo ser. De hecho, yo me daré a mí mismo, y lo mío será tuyo"»[2].

Acerca tu corazón al suyo y dile: «Me rindo. Entrego todas mis viejas pasiones. Dame un corazón nuevo. Por favor, dame tu misma persona. Permite que tu amor apasionado y sacrificial por mí se convierta en mi amor apasionado y sacrificial por ti. Tu vida entregada para darme vida. Me estás reavivando por amor».

Convertirse en cristiana es nada menos que entrar en la vida de la Vid y decirle a Jesús: «Eres mío, eres mi vida, eres mis pensamientos, eres mis acciones, eres mis decisiones, eres mis movimientos. Estás en mí y yo estoy en ti. Nuestra vida compartida es la vida más satisfactoria y apasionada». Cuando vives en la Vid, la vida divina ha entrado en ti. Permanece en la Vid, y la vida divina fluirá de ti.

Nunca lo dudes: hay una diferencia asombrosa entre la vida de una que lucha por Jesús y la vida de una que mora en Jesús.

Hacer un esfuerzo por Jesús depende de tus propias fuerzas.

Permanecer en Jesús significa que él es tu *única* fortaleza.

Esforzarte por Jesús significa que sigues esforzándote para seguir adelante por ti misma. Permanecer en Jesús evita que caigas de nuevo, porque estás *en él*.

Esforzarte por Jesús significa que puedes hacer las cosas a tu manera porque lo mejor que puedes hacer es *pensar en* Dios.

Permanecer en Jesús es obedecer a Dios porque ahora estás *pensando con* Dios, *viviendo en* Dios.

Permanecer siempre te da la gracia para obedecer. La obediencia a Dios solo puede fluir de la unidad con Dios.

Pensar en Dios puede cambiar tus pensamientos, pero solo permanecer con Dios, en Dios, es pensar con Dios, moverte con Dios. *Esto* es lo que cambia tu corazón y cambia tus acciones. *Permanecer* en sus brazos, residir en sus brazos, es la forma en que tus manos, pies y corazón viven en *obediencia* a él. Así como permaneces en Jesús obedeciendo la Palabra, Jesús permanece en ti dándote gracia para *vivir* la Palabra.

Ya no tienes que luchar, ya no tienes que temer, ya no tienes que tratar de ser suficiente. Trasládate a los brazos de Jesús, y él se moverá a través de ti. Permanecer te mantiene en su abrazo de gracia. Permanecer es la clave para obedecer.

Eso es todo lo que hay en la peregrinación de vivir en realidad. Todos los días solo hay una cosa que se necesita para florecer verdaderamente y vivir plenamente: ser una con Dios.

Siéntete aliviada: no importa lo que pienses que podría ser un mal augurio en tu vida, todo siempre está bien cuando simplemente permaneces en Dios.

Ten paz: pase lo que pase, eres la discípula a quien Jesús en definitiva ama, a quien él está reavivando por amor. Esta es la peregrinación de cada momento: permanecer en la morada de Dios.

NOTAS PARA MI ALMA TRAS ESTA PEREGRINACIÓN AL CORAZÓN DE JESÚS:

TODO
ESTÁ BIEN
CUANDO
PERMANECES
EN DIOS
CON HUMILDAD.

NO SOMOS PARTE DEL MUNDO

Si el mundo los aborrece, tengan presente que antes que a ustedes me aborreció a mí. Si fueran del mundo, el mundo los amaría como a los suyos. Pero ustedes no son del mundo, sino que yo los he escogido de entre el mundo. Por eso el mundo los aborrece. Recuerden lo que les dije: «Ningún siervo es más que su amo». Si a mí me han perseguido, también a ustedes los perseguirán. Si han obedecido mis palabras, también obedecerán las de ustedes. Los tratarán así por causa de mi nombre, porque no conocen al que me envió. [...]

Cuando venga el Consolador que yo les enviaré de parte del Padre, el Espíritu de verdad que procede del Padre, él testificará acerca de mí. Y también ustedes darán testimonio porque han estado conmigo desde el principio.

JUAN 15:18-21, 26-27

Día *29: «Pero ustedes no son del mundo». Juan 15:19*

YA NO ERES parte de este mundo.

Fuiste escogida para salir de este mundo.

Seleccionada de entre toda la gente del mundo por el Hacedor del cielo y de la tierra para que fueras ciudadana, no de este mundo, sino del cielo. Esto te saca de este mundo y te convierte en una persona que conoce al Rey del universo.

Tu corazón y tu mente siguen volviendo a esta dirección: *Este mundo no es mi hogar; vivo en la morada de Dios.*

Jesús traza tiernamente tus cicatrices. Tu lealtad a Jesús puede antagonizar a algunos, y tu relación apasionada con él puede hacer que los demás te odien con pasión. Pero Jesús te ama lo suficiente como para decirte dulcemente y con el propósito de prepararte: «Cuando te apoyas en mí, el mundo va a estar en tu contra». Cuando haces del amor sobrenatural todo tu mundo, este mundo, no entiende ese tipo de amor y puede que te odie por ello. Esta palabra es a la misma vez tierna y dura.

Esto sucedió justo después de la última cena, justo después de que Jesús lavara los pies de los discípulos como ejemplo de su amor moribundo e imperecedero que nunca terminará. Ahora su amor permanecía en el aposento alto, compartiendo palabras de despedida para preparar a sus amigos, *y a ti*, para después de su partida.

Los pomposos religiosos habían estado tramando la muerte de Jesús desde que él llamó al cuerpo putrefacto de Lázaro a la vida (Juan 11:43), y decretaron que cualquiera que siguiera a Jesús sería expulsado de la sinagoga (Juan 9:22). Jesús lo sabía.

Siete veces Jesús afirmó que el mundo odia a quienes lo siguen. ¿Debería sorprendernos, sin embargo, que aquellos que no están injertados en la vid del Amor mismo produzcan todos los matices del odio? Si no estás injertada en el Amor, lo que en realidad estás produciendo es miedo, y el miedo produce hostilidad, escasez, animosidad. Si el odio está en tu corazón, ¿en realidad estás en el Amor mismo? Y si tu fe te hace odiar, ¿es posible que la tuya no sea la fe del Amor mismo? ¿Cómo puedes odiar a alguien cuando Jesús amó tanto, hasta la muerte y la resurrección a la vida plena?

Por el contrario, cuando eres injertada en la vid del Amor mismo produces el fruto abundante de la humildad, la generosidad, del amor cruciforme. *El amor genuino* es siempre el fruto genuino de aquellos que moran en la vid del Amor mismo.

Jesús encuentra tus ojos; su corazón escudriña el tuyo: si te comprometes a seguir a un Salvador perseguido y no estás siendo perseguida, ¿en realidad lo estás siguiendo?

De seguro es la promesa de Jesús que menos gusta: tres veces en el aposento alto, Jesús prometió que si en realidad lo sigues, en realidad conocerás la persecución. Cuando sigues un camino de exclusividad, puedes esperar mucha hostilidad. Pero este es el camino de Jesús: «Dichosos los perseguidos por causa de la justicia, porque el reino de los cielos les pertenece. Dichosos serán ustedes cuando por mi causa la gente los insulte, los persiga y levante contra ustedes toda clase de calumnias. Alégrense y llénense de júbilo, porque les espera una gran recompensa en el cielo. Así también persiguieron a los profetas que los precedieron a ustedes» (Mateo 5:10-12).

Los reinos del mundo viven una trayectoria profundamente diferente a la del reino de Dios, con su camino cruciforme de paz, su camino cruciforme de no violencia, su camino cruciforme de autosacrificio, su camino cruciforme de dar la vida. Este camino cruciforme no es el camino de los hambrientos de poder, tanto dentro de la iglesia como fuera de ella, pero siempre es la forma en que el Rey Jesús es levantado en alto.

Quienes son apasionadas por Jesús anhelan vivir una vida verdaderamente apasionada y, como resultado, siempre serán un pueblo perseguido. La definición literal de pasión es sufrir. *No hay manera de vivir una vida apasionada sin sufrimiento.*

Jesús extiende la mano para encontrar tu mano. ¿Sientes la profundidad de sus cicatrices? Jesús no fue odiado porque se aferró al poder autoritario, Jesús fue odiado porque rindió su autoridad solo a la autoridad de Dios. A veces, la gente rechaza a aquellas personas cuya vida les muestra los errores que cometen en su propia vida.

Jesús no era odiado porque fuera obscenamente rico; Jesús era odiado porque amaba obscenamente. A veces, la gente rechaza a aquellas personas cuya rica compasión expone su propia pobreza de compasión.

Jesús no fue odiado porque velaba por sus propios intereses; Jesús fue odiado porque dio su vida para proteger los intereses de los demás. A veces la gente rechaza a aquellas personas cuyo sacrificio desinteresado deja al descubierto su búsqueda de protección personal y su pequeñez de corazón.

Si en realidad estás en una peregrinación, siguiendo la forma en que Jesús vive y teniendo en cuenta que el mundo lo rechazó por su forma de vivir, ¿estás viviendo y amando tanto como él, al punto que también de alguna manera te rechazan?

¿Por qué querría una seguidora de Jesús ser tratada mejor que Jesús? ¿Qué mayor regalo podría haber que ser tratada como Aquel a quien sigues?

En lugar de ser rechazadas porque con arrogancia nos burlamos de alguien a quien consideramos tonto, podríamos ser rechazadas por la tontería de nuestro amor generoso.

En lugar de ser rechazadas porque tomamos partido o porque creamos mayores oportunidades de poder para nosotras mismas, podríamos ser marginadas por la forma radical en que damos nuestra vida por los marginados.

En lugar de ser rechazadas porque nos negamos a tomar una cruz en cualquier momento de nuestra vida, podríamos ser impopulares debido a nuestra compasión cruciforme que ama a los demás para que vivan.

Si anhelamos ser las manos y los pies de Jesús en el mundo, ¿podemos abrazar lo que les sucedió a las manos y a los pies de Jesús?

NOTAS PARA MI ALMA TRAS ESTA PEREGRINACIÓN AL CORAZÓN DE JESÚS:

ESTE MUNDO

NO ES MI HOGAR;

VIVO EN LA

MORADA

DE DIOS.

UN CORAZÓN TRANQUILO

Les he dicho todo esto por medio de comparaciones, pero viene la hora en que ya no les hablaré así, sino que les hablaré claramente acerca del Padre. En aquel día pedirán en mi nombre. Y no digo que voy a rogar por ustedes al Padre, ya que el Padre mismo los ama porque me han amado y han creído que yo he venido de parte de Dios. Salí del Padre y vine al mundo; ahora dejo de nuevo el mundo y vuelvo al Padre.

—Ahora sí estás hablando directamente, sin vueltas ni rodeos —dijeron sus discípulos—. Ya podemos ver que sabes todas las cosas; ni siquiera necesitas que nadie te haga preguntas. Por esto creemos que saliste de Dios.

—¿Ahora creen? —contestó Jesús—. Miren que viene la hora, y ya es la hora, en que ustedes serán dispersados; cada uno se irá a su propia casa y a mí me dejarán solo. Sin embargo, solo no estoy, porque el Padre está conmigo. Yo les he dicho estas cosas para que en mí hallen paz. En este mundo afrontarán aflicciones, pero ¡anímense! Yo he vencido al mundo.

JUAN 16:25-33

Día *30: «¡Anímense! Yo he vencido al mundo». Juan 16:33*

TIENES QUE SABERLO: nadie le torció el brazo a Dios para que te amara. Él dio todo su corazón porque te *quiere*, porque *quiere* estar contigo. Esto puede ser lo más difícil de creer, pero es más cierto que tu próxima respiración.

En las últimas horas de Jesús, cuando solo le quedaba tiempo para decir todo lo que quería que sus amigos supieran antes de que se fuera, resumió todo lo que había dicho en lo más importante que tienes que saber: el corazón que late en el centro del universo siente pasión por tu corazón.

No querrás perderte esto.

«Ya que el Padre mismo los ama porque me han amado».

El Padre mismo nunca dejó de apasionarse por ti, su hija. Dios no se arrepiente ni por un momento de llamarte su amada. Dios no es un padre furioso cuyo Hijo tuvo que rogarle y engatusarlo para que te soportara, para que te tolerara. Nadie persuadió ni incitó nunca a Dios para que se encontrara contigo con gracia. La gracia siempre fue la que impulsó su corazón para que latiera por ti. «Jesús deja claro que el Hijo no necesitó persuadir a un Padre enojado para que tuviera misericordia; sino que su obra proporcionaría una base justa para la gracia de Dios. [Jesús] no murió para cambiar a Dios en amor; murió para decirnos que Dios es amor. Vino, no porque Dios odiara tanto al mundo, sino porque tanto *amaba* al mundo»[1].

Tu amor apasionado por Jesús es en realidad una prueba de que Dios te amó primero; una prueba de que el hecho de que te amara *primero* es lo que *en verdad* te mueve a amarlo. No te puedes perder el milagro de esta realidad.

Así como tu pulso no es lo que mantiene tus arterias bombeando, sino la prueba de que tu corazón en realidad está bombeando, lo que hace que Dios te ame no es tu pasión, sino que tu amor por él es *una prueba visible* de su amor, la cual solo despierta aún más el amor de tu propio corazón por él. Esto es el *todo*.

¿Puedes creer que el Amor mismo descendió del corazón de Dios porque tu corazón era tan tierno y estaba tan quebrantado por causa de nuestro mundo arruinado que Dios no podía simplemente enviar lecciones éticas, normas y principios para que cumplieras? Tuvo que *venir en persona* como el Mesías para cumplir con las normas, salvarnos de la muerte y amarnos para devolvernos la vida más plena.

Jesús vino del corazón del Padre para que tu corazón fuera tocado profundamente y para siempre por el amor del Padre por *ti*.

Cuando tu corazón comience a preocuparse por cualquier cosa, consuélalo y acércalo a Jesús, pues nada que te depare el futuro puede impedir que el amor de Dios venga a protegerte. La preocupación es la desconfianza en el amor de Dios. Ríndete al alivio de la paz, y confía que cada momento en el futuro tendrá más que suficiente del amor de Dios.

Puedes sentir la profunda paz de Dios sosteniéndote cuando dejas que el amor apasionado de Dios te abrace por completo, aquí y ahora.

Cristo sabe lo que a fin de cuentas quieres, lo que buscas con desesperación: la plenitud de la paz. Es decir, anhelas la falta de carencia. La plenitud del *shalom*. Y cuando vives en la morada del amor de Dios, el *shalom* se convierte en tu hogar. Puedes tener esa plenitud; eres completamente bienvenida y conducida a toda esta paz en este momento.

Conocerte profundamente es conocer las profundidades de tu necesidad —evaluadas contra el parámetro de la Verdad— y, aun así, sentir verdadera paz porque conoces el amor incondicional e inquebrantable del Amor mismo.

Solo cuando vemos primero a Jesús, quien es Amor, podemos ver la verdadera manera de vivir. El cristianismo es intimidad antes que ideología. Cuando ves correctamente el amor de Jesús por ti, comienzas a ver correctamente el camino de la paz a través de todo lo que te pasa.

En una oración Jesús te dice las cuatro verdades más profundas sobre quién es él:

Él es el amor divino; vino del Dios del cielo: «Salí del Padre».

Él es la esperanza humana; se encarnó aquí, en la Tierra: «Vine al mundo».

Él es expiación salvadora para darte unidad con Dios; apasionada y voluntariamente tomó tu lugar en la Cruz: «Ahora dejo de nuevo el mundo».

Él es una protección interminable, ya que está intercediendo por ti ahora; vive para reavivarte por amor abogando incansablemente por ti sin parar: «Y vuelvo al Padre». «Por eso también puede salvar por completo a los que por medio de él se acercan a Dios, ya que vive siempre para interceder por ellos» (Hebreos 7:25).

¿Hay acaso algún dolor profundo que pudiera alguna vez separarte de la profunda paz cuando eres reavivada por el Amor con la más profunda pasión? Lo que sea que temas en el futuro, su amor no fallará, su amor no puede detenerse, su amor no termina. Consuela tu corazón: porque su amor es infinito, también lo es su paz.

Todo esto es surrealista, pero es real. Este es un amor apasionado que parece increíble, pero es más creíble que la próxima respiración de tus pulmones. Esta historia sobrenatural es, a la vez, una historia de otro mundo y, a la vez, la historia más verdadera. La Verdad más grande trae la paz más grande.

Tienes que saber esto porque es por esta razón que Jesús dijo todo, por lo cual permaneció en el aposento alto durante las últimas horas antes de dar su vida en la cruz *por ti*. Estas fueron sus últimas palabras de despedida, palabras que necesita que conozcas: «Yo les he dicho estas cosas para que en mí hallen paz».

En ningún lugar del universo sino solo en Cristo conocerás la paz.

La paz siempre es una posibilidad, pero eso no significa que siempre se practique. La paz es una promesa, pero es tu elección practicarla permaneciendo en la persona de Cristo. La paz no se encuentra en las circunstancias ni a causa de las circunstancias ni a través de las circunstancias; la paz se encuentra solo en Cristo, por Cristo, y a través de Cristo. La paz no se encuentra cuando la vida por fin es agradable; la paz se encuentra en el único que clavó su pasión por ti en una cruz.

Esto lo cambia todo: no se trata de salir de la crisis para tener paz, sino de permanecer en Cristo.

Consuela tu corazón: tendrás problemas. Hay problemas que vienen a encontrarte en este momento, y no siempre serán problemas pequeños, pero tienes a un Dios grande con un amor incomprensiblemente grande. Y cuando te rindes a la confianza en su amor a través de los problemas, esto es lo que en realidad ensancha y agranda tu propia alma.

En este mundo tendrás tribulación. Pero anímate; toma *su* corazón para estabilizar tu corazón. En griego, *animarse* es *tharseó*, que significa «atreverse».

Atrévete a vivirlo de manera apasionada y de todo corazón: puedes tener problemas, pero también puedes tener un corazón tranquilo.

Atrévete a vivirlo: ninguna condición en tu vida tiene el control de las condiciones de tu corazón.

Atrévete a creer en tu realidad ahora mismo: cualesquiera que sean los problemas que se agitan a tu alrededor, no son toda la verdad. La verdad es que todas tus tribulaciones no pueden eclipsar, vencer ni agobiar el amor de Cristo por ti, la protección de Cristo hacia ti ni la perfección de Cristo en ti.

Cuando sabes la verdad de que eres plenamente conocida por la Verdad misma, que él sabe las verdades más profundas acerca de ti, que sabe lo que es mejor, bueno y correcto, y que lleva toda esa verdad en un corazón de amor infinito por ti, ¡solo te queda sentir nada más que una paz profunda! *Respira hondo y vive en la plenitud.*

No importa qué problemas se avecinan, ríndete y confía en que Jesús los vencerá. Y, si aún no parece que así fuera, es que todavía no llegaste al final de la historia.

Atrévete a ser parte de la peregrinación que se goza en su corazón, que es siempre y solo para ti.

NOTAS PARA MI ALMA TRAS ESTA PEREGRINACIÓN AL CORAZÓN DE JESÚS:

LA MISMA PASIÓN

No ruego solo por estos. Ruego también por los que han de creer en mí por el mensaje de ellos, para que todos sean uno. Padre, así como tú estás en mí y yo en ti, permite que ellos también estén en nosotros, para que el mundo crea que tú me has enviado. Yo les he dado la gloria que me diste, para que sean uno, así como nosotros somos uno: yo en ellos y tú en mí. Permite que alcancen la perfección en la unidad, y así el mundo reconozca que tú me enviaste y que los has amado a ellos tal como me has amado a mí.

Padre, quiero que los que me has dado estén conmigo donde yo estoy. Que vean mi gloria, la gloria que me has dado porque me amaste desde antes de la creación del mundo.

Padre justo, aunque el mundo no te conoce, yo sí te conozco y estos reconocen que tú me enviaste. Yo les he dado a conocer tu nombre y seguiré haciéndolo, para que el amor con que me has amado esté en ellos y yo mismo esté en ellos.

JUAN 17:20-26

Día *31: «Ruego […] que todos sean uno». Juan 17:20-21*

TU NOMBRE VIVE en los labios del Rey del universo. El clamor de su corazón, justo antes de morir, fue por tu corazón. Cuando sabes que, en sus últimas horas, el deseo más profundo de Jesús fue que estuvieras segura en su amor; que el clamor de su corazón se fijó en ti; que derramó su corazón en oración por ti, intercediendo y abogando a través de todas las edades y la historia *específicamente por ti*, ¿no sientes que tu alma se expande y se une con el amor que es Cristo?

En sus últimas horas, después de la última cena, justo antes de su crucifixión, mientras permanecía en el aposento alto con sus discípulos, Jesús pronunció sus últimas palabras en la Tierra y oró *literalmente por ti*: «No ruego solo por estos. Ruego también por los que han de creer en mí por el mensaje de ellos».

Aquel que te trajo a la existencia te está sosteniendo en oración cuando tu existencia es brutalmente dura.

¿Acaso hay algo más importante que esto?

Jesús «vive siempre para interceder por [ti]» (Hebreos 7:25).

Jesús apartó todo para orar por ti para que fueras apartada para la vida verdadera en este momento.

Aquel que creó las estrellas con el aliento de su boca exhala oraciones por ti. Aquel cuyas palabras hicieron que el mundo existiera, expresa palabras invaluables sobre tu ser. Aquel que hizo el tiempo, vive más allá del tiempo, controla todo el tiempo, usa todo su tiempo para orar por ti: porque eres invaluable para él.

Jesús está orando en este momento para que el Espíritu te consuele, te fortalezca, te unja con el aceite fresco del gozo valiente. En este mismo momento, Jesús está orando que seas valiente cuando estés a punto de quebrarte, que te alejes de las tentaciones, que te enfrentes a lo que te está estrangulando, que escapes hacia él en lugar de tratar de escapar hacia mil cosas insatisfactorias.

En los tiempos difíciles, no necesitas entender lo que Dios está haciendo. Solo necesitas saber que Dios está contigo y que está arrodillado en oración por ti en todo momento. Nada te hace más ferozmente valiente que saber que Jesús está orando ferozmente por ti.

Podemos superar cualquier cosa porque Jesús nos ayuda, nos lleva en sus brazos y ora que seamos vencedoras. Y cuando estamos luchando para orar, Jesús mismo es quien ora por todo aquello por lo cual estamos luchando.

Sus brazos no te dejarán ir, sus planes no te abandonarán, sus oraciones no te fallarán. *La mano de Dios encuentra la tuya.*

La oración es la esperanza dolorosa del corazón. El grito desde lo profundo del ser. La apertura de nuestras manos para ponerlo todo en las manos de Dios. La oración es «algo grande, sobrenatural, que ensancha el alma y nos une a Jesús», escribe Teresa de Lisieux[1].

Frederick Christian Bauerschmidt escribe que «toda la vida de Jesús es una oración porque es la [...] conversación eterna de amor que es la vida de Dios como Padre, Hijo y Espíritu Santo»[2]. Tu nombre es parte de la eterna e interminable conversación de amor entre Dios el Padre, Dios el Hijo y Dios el Espíritu Santo.

A partir del momento en que crees en Jesús, vives siempre en sus oraciones.

En cada una de tus crisis puedes hacer algo más que simplemente buscar cualquier refugio: puedes refugiarte en Dios. La oración es el motor del alma que te lleva a la presencia del amor: Jesús.

¿Cómo sabes que te encuentras en la misma vida de Dios: el amor perfecto? Tu Amor mismo ora a Abba Padre acerca de ti, por ti: «Y así el mundo reconozca que tú me enviaste y que los has amado a ellos tal como me has amado a mí».

¿Hay acaso un amor más lujoso y extravagante en todo el cosmos? Estás íntimamente envuelta en el mismo amor perfecto, infinito y que todo lo abarca que Dios comparte íntimamente con Jesús.

Como escribió R. T. Kendall, pastor de la histórica Abadía de Westminster en Londres: «Hay [...] una verdad deslumbrante, y es que Dios te ama tanto como ama a Jesús. ¿Tienes alguna idea de cuánto ama Dios a Jesús? ¿Tienes alguna idea de lo que Dios siente por su único Hijo? La voz que vino del cielo en el bautismo de Jesús dijo: "Tú eres mi Hijo amado; estoy muy complacido contigo" (Marcos 1:11). Romanos 8:17 afirma: "Somos herederos; herederos de Dios y coherederos con Cristo". Eso significa que Dios nos ama tanto como ama a Jesús»[3].

De la misma manera que el Dios de todo el universo ama a Jesús, la única persona perfecta en todo el universo, Dios *te* ama a ti. Esto es lo esencial que necesitas saber.

Así como el Padre no podía casi amar a su Hijo o solo amarlo en parte, en Cristo no podía apenas amarte ni hacerlo escasamente. Dios no te ama a medias; ¡*eres amada de todo corazón*!

¿Te atreves siquiera a susurrarlo? *El amor que Dios tiene por Jesús es el mismo amor que tiene por mí.*

¡El mismo mismo mismo! Deja que este amor toque cada parte de ti.

Todo tu diálogo interno cambia cuando tu corazón se curva como un oído para escuchar el diálogo eterno de amor de Dios.

El tipo de amor más grandioso y completo es más que un amor que da; es un amor que es lo suficientemente humilde como para abrirse y recibir para que todo lo delicado pueda ser sanado en su interior.

«Si el Padre está en él, y él está en ellos, entonces el Padre está en ellos: son atraídos a la vida misma de Dios, y la vida de Dios es amor perfecto», escribe F. F. Bruce[4].

El amor dentro de la Trinidad es el amor infinito, el amor incondicional del Padre dado sacrificialmente al Hijo, quien da apasionadamente al Espíritu, quien sirve con amor a todos.

Entonces puedes entender lo que Agustín describió: «Si ves el amor, ves la Trinidad»[5].

Esta última oración de Jesús nos lleva a la esencia misma de la misión y el ministerio de Jesús. Esto prueba lo que está en el pulso mismo de la vida más plena que es la vida de Cristo: el amor sacrificial y apasionado.

En un mundo fragmentado, con todos los pedazos de corazones rotos, la pasión de Jesús por ti lo movió a orar para que todos sus seguidores se unieran entre sí en amor y se unieran a él. Oró para que permaneciéramos en el amor del Cordero de Dios, «para que todos sean uno. Padre, así como tú estás en mí y yo en ti, permite que ellos también estén en nosotros».

La unidad en amor es el testimonio y la alabanza que validan el ministerio de Jesús. Lo que significa que cuando no buscas la unidad en amor estás desafiando uno de los principios del ministerio de Jesús. Esto invita a la reflexión. Porque cuando el Amor mismo habita en ti, eres reavivada por el amor *para vivir una vida de amor*. El amor sacrificial y apasionado siempre te costará algo. El amor siempre es imparcial con todos y ofrece el perdón en cualquier momento. Debes confiar en que el Amor que perdona es un amor cruciforme, sin límites.

Esta es una verdad tierna y esperanzadora: debido al amor genuino de Cristo, existe la posibilidad de una comunidad genuina.

Cuando vives el amor verdadero, sacrificial y apasionado de Cristo en comunidad, las dudas sobre la realidad misma de Cristo se acallan, pues es un amor arrollador.

En esencia, el nombre de Dios es amor. Jesús lo declaró, lo proclamó, lo vivió. Mientras Jesús se preparaba para derramar toda la pasión de Dios en la cruz, toda la vida de Jesús fue sustentada, sostenida y llena por la pasión que su Padre tiene por él. Sostenido por el amor, estaba a punto de salvar al mundo con amor, por amor, para amarnos para la vida más expansiva.

La última y gran oración de Jesús, la cual podría haber sido una oración por todo un mundo de otras cosas, fue que nada menos que el mismo amor apasionado de Dios ahora nos alimentara y nos llenara para peregrinar por el mundo con su amor sobrenatural. Jesús vive eternamente para orar incansablemente por ti (Hebreos 7:25). En este momento, está orando por tu protección, tu conexión con los demás, tu satisfacción con Dios y tu santificación (Juan 17:11-19).

La oración es la peregrinación. Y cuando todo lo que quieres es a Jesús, siempre obtienes exactamente lo que quieres.

NOTAS PARA MI ALMA TRAS ESTA PEREGRINACIÓN AL CORAZÓN DE JESÚS:

HUYE HACIA DIOS

Cuando Jesús terminó de orar, salió con sus discípulos y cruzó el arroyo de Cedrón. Al otro lado había un huerto en el que entró con sus discípulos.

También Judas, el que lo traicionaba, conocía aquel lugar porque muchas veces Jesús se había reunido allí con sus discípulos. Así que Judas llegó al huerto, a la cabeza de un destacamento de soldados y guardias de los jefes de los sacerdotes y de los fariseos. Llevaban antorchas, lámparas y armas.

Jesús, que sabía todo lo que iba a suceder, les salió al encuentro.

—¿A quién buscan? —preguntó.

—A Jesús de Nazaret —contestaron.

Jesús dijo:

—Yo soy.

Judas, el traidor, también estaba con ellos. Cuando Jesús dijo: «Yo soy», dieron un paso atrás y se desplomaron.

—¿A quién buscan? —volvió a preguntar Jesús.

—A Jesús de Nazaret —repitieron.

Jesús contestó:

—Ya dije que yo soy. Si es a mí a quien buscan, dejen que estos se vayan.

Día *32: «¿A quién buscan?». Juan 18:4*

Esto sucedió para que se cumpliera lo que había dicho: «De los que me diste ninguno se perdió».

Simón Pedro, que tenía una espada, la desenfundó e hirió al siervo del sumo sacerdote, cortándole la oreja derecha. (El siervo se llamaba Malco).

—¡Vuelve esa espada a su funda! —ordenó Jesús a Pedro—. ¿Acaso no he de beber el trago amargo que el Padre me da a beber?

JUAN 18:1-11

¿A DÓNDE VAS cuando las presiones externas e internas conspiran para derribarte? Cuando es difícil tragar la copa que te dieron, cuando te resulta difícil sostenerte y mantener los pies en la tierra para no ser aplastada por la vida.

Jesús te toma de la mano y te lleva a donde sabes que él va. Cuando la vida se está cayendo a pedazos, lo que tu corazón más necesita es tu propio lugar de oración.

Porque la única forma de obtener una perspectiva correcta es huir hacia Dios.

Después de la cena de la Pascua en el aposento alto con sus amados amigos; después de partir sacramentalmente el pan con ellos; después de encarnar la vida quebrantada y entregada inclinándose y lavando sus pies con sacrificio; después de orar para que sus seguidores vivieran una vida de amor sacrificial y cruciforme, Jesús se abrió camino a través de las calles oscuras de Jerusalén por última vez, cruzando el valle de Cedrón para entrar en el huerto de Getsemaní con el propósito de orar.

Judas sabía que ir a Dios siempre era el camino de Jesús. Este es siempre el camino de Jesús. Este es siempre el camino a la Vida. Jesús hizo más que simplemente dejar ir y dejar que Dios se hiciera cargo. Jesús dejó de lado todo lo demás y *fue a Dios él mismo*. A través de un valle de profunda tristeza, sacrificio y sufrimiento, Jesús fue a Dios. ¿En realidad hay algún otro lugar a dónde ir? Peregrina a su presencia y, sin importar lo que suceda, *habrás llegado*.

Mientras Jesús caminaba a través de la oscuridad de la medianoche del valle de Cedrón, escuchaba el agua que desde el piso del templo ubicado en la parte más elevada de Jerusalén descendía al valle mezclada con la sangre carmesí de más de doscientos mil corderos de Pascua sacrificados. Sangre que había sido rociada sobre el altar del templo como sacrificio por los corazones quebrantados y pecaminosos de más de dos millones de personas del pueblo de Dios.

El aire de la noche estaba espeso, cargado con el aroma del sacrificio. El Cordero de Dios sabía que estaba a punto de sacrificar su propio corazón por amor al mundo. El aroma del amor es siempre sacrificio.

Míralo a los ojos. ¿Qué otra cosa podía, en ese momento, en ese valle empapado con sangre de cordero, estar recordando sino el pacto de morir que había hecho con Abram, contigo, en el principio, cuando hizo que Abram partiera los cuerpos de los animales sacrificados por la mitad y dejara que la sangre de los animales divididos corriera como un arroyo, empapando la tierra del valle con sangre (Génesis 15)? Jesús lo sabía: la antigua costumbre requería que las dos partes que hacían un pacto caminaran por la tierra empapada de sangre, entre los animales sacrificados, como señal de que quienquiera que rompiera su promesa de fidelidad se cortaría la garganta y dejaría correr su propia sangre.

En las sombras oscuras de esa noche más de mil años antes, sin embargo, cuando la sangre de los animales divididos había saturado la tierra, Abram vio que una olla humeante y una antorcha encendida, la nube y la llama como símbolos de Dios, pasaban solas a través de los animales sacrificados.

Abram y todos nosotros, sus descendientes, no podíamos caminar por la tierra empapada de sangre y pasar a través de los animales sacrificados y partidos por la mitad, porque ¿quién puede cumplir completamente con su pacto de fidelidad a Dios?

Pero el corazón de Jesús no quiere otra cosa más que estar contigo. Por esa razón, en la última noche de su vida terrenal, caminó por ti a través del valle de la muerte y, así, cumplió con todo el pacto por ti para mantenerse en estrecha relación contigo. La pasión del Cordero de Dios lo movió a pasar por el valle manchado de sangre por ti.

Pacto cumplido.

Cordero tendido.

Pasión derramada.

Para que pudiéramos ser reavivadas por el amor.

La pasión de Dios prometió estar comprometida contigo eternamente, incluso más allá de la muerte, para que pudieras vivir plenamente y para siempre. *Él parte su propio corazón por la mitad para no tener que estar separado nunca de tu corazón.* Este amor es lo que te sostiene cuando todo lo demás se desmorona a tu alrededor.

Aunque Aquel que descendió al valle de Cedrón no estaba obligado a ser el Cordero que derramara su propia vida para lavar tu muerte, quebrantamiento y pecaminosidad para revivirte a la vida verdadera, *lo hizo.*

Aquel que fue al huerto no tenía que tomar la copa del sufrimiento insondable para salvarte, pero lo hizo.

Quizás estés peregrinando por tu propio camino duro y estrecho en el valle, preguntándote por qué otros tienen lo que parece un camino más fácil, un lugar más suave para aterrizar. Quizás otros estén rodeados de gente encantadora, tengan la vida perfecta y todo el gran amor con el que siempre soñaste sin ninguna de las marcas de las cicatrices y las magulladuras que sufriste, sin el camino enmarañado y de opresión en el que estás, sin ninguno de los sacrificios que tuviste que padecer en silencio.

Pero cuando ves que Jesús eligió tomar su copa de sufrimiento por ti, también puedes tomar la tuya, la copa que te entregaron, y mirar al cielo y decir: «Tú que me diste cada aliento, no me debes nada más. Tú que me diste un día, no me debes dos. Tú que me diste cada latido del corazón de cada segundo que viví, no me debes nada más».

Aquel que estaba en el huerto frente a los centenares de soldados romanos armados y con antorchas podría, con una palabra, haber puesto fin a la confrontación.

En cambio, les respondió a quienes buscaban a Jesús de Nazaret diciendo sorprendentemente, no menos de tres veces, que él era divino, el mismísimo Yo Soy, sin principio ni fin: Yo Soy, Yo Soy, Yo Soy.

¿Quién puede llamar a Jesús simplemente un buen maestro cuando él se llamaba a sí mismo Dios *para llamarte a ti suya*? Nadie puede confinar a Jesús a ser solo un sabio con quien jugar, cuando él mismo afirmó ser nada menos que el divino Salvador en quien *morar*. Es, a fin de cuentas, o un estafador o el Salvador supremo. Todas las demás religiones dicen que tenemos que encontrar a Dios, pero Jesús es el mismo Dios que vino a la Tierra, *que vino a encontrarnos*. Porque la única manera de encontrar a Dios es simplemente quedarse quieta y recibir a Aquel que viene y te encuentra y cumple con todo el pacto, *incluyendo el castigo*, para protegerte.

Es notable que en el momento en que Jesús dijo: «Yo soy», cientos de soldados cayeron al suelo. Antes de que Cristo pusiera su vida en la cruz, aplastó a todos con su divinidad. No puedes encontrarte con Dios y no caer de rodillas ante él. *Nadie puede tener un verdadero encuentro con Dios y no caer sobre su rostro con verdadero asombro y gratitud.*

El asombro nos hace sentir deliciosamente insignificantes y significativas, es una alegría deliciosa. Cuando estamos asombradas, nos sentimos más pequeñas y, a la vez, parte de algo más grande, lo cual aumenta nuestra alegría. El asombro nos hace ver que, tanto nosotras como nuestros problemas, somos pequeños y que un gran Dios está por encima de todo. Y cuando nos sentimos más pequeñas, sentimos humildad, la cual es la clave para la conexión con Dios y las personas, la clave de la plenitud.

Cuando llegue el día final, el Día del Juicio, ¿quién de nosotras será capaz de mantenerse de pie, apoyándose en su propio desempeño perfecto, en sus propios laureles impecables, en su historial perfectamente intachable? Al final, todas seremos aplastadas por la gratitud y el asombro ante Dios.

Porque aquel que fue a la cruz pudo haber llamado a miles de ángeles para que lo liberaran, pero no lo hizo. Por el contrario, eligió ser nuestro Cordero para tomar el castigo de nuestro pacto de fidelidad roto, para ir a la cruz y permanecer en esa cruz con un propósito, y solo con un propósito: darte su corazón y tener todo tu corazón.

Luego, alegremente, te da más: cada amanecer que llega con un cielo limpio lleno de misericordias nuevas, el calor del sol en tu rostro, el próximo aliento en tus pulmones, y todos estos segundos saturados de gloria. En algún momento, tienes que preguntarte: *¿Cuánta vida será suficiente vida? ¿Cuánto bien será suficiente bien? ¿Hasta qué punto Dios será suficiente para mí? ¿Cuánto más tiene que dar el Cordero de Dios, cuánto más tiene que sacrificar, cuánto tiene que dar para ser suficiente, para satisfacer mi corazón?*

Si Jesús en realidad es el único que nos amó hasta la muerte y la resurrección a la vida verdadera y eterna a través de su amor, ¿no es la vida en este momento más de lo que podríamos pedir? La vida se trata o de cuánto nos debe Dios o de cuánto nos asombra Dios. ¿Acaso no es suficiente el hecho de que Dios escogiera ser nuestro propio Cordero inmolado? Él bebió la copa del sufrimiento insondable. El sufrimiento que *eligió* porque él te elige *a ti*, elige pagar por el rescate de tu alma con su corazón aplastado y sus brazos bien abiertos. Ni la mayor cantidad de dolor podría detener su amor apasionado por ti, porque ve valor y valía en ti. Jesús se convirtió en tu Cordero, quien dejó correr su sangre para cubrir tu pecado. Jesús tomó la copa del abandono y la muerte para que pudieras beber la copa de la comunión y la vida.

Así que puedes mirar hacia las estrellas, incluso en medio de tu dura y sinuosa peregrinación, y ser asombrada por Dios. Aquel que te pide que bebas tu copa de dolor con agradecimiento bebió su copa de dolor mucho más grande, porque su corazón se dolía aún más por sostenerte.

Siempre puedes descansar aquí en la peregrinación: cuando Dios es tu porción, siempre tienes más que suficiente para susurrar tu asombro y gratitud.

NOTAS PARA MI ALMA TRAS ESTA PEREGRINACIÓN AL CORAZÓN DE JESÚS:

LA VIDA

SE TRATA

O DE CUÁNTO

NOS DEBE DIOS

O DE CUÁNTO

NOS ASOMBRA DIOS.

LIGADO A TI PARA SIEMPRE

Entonces los soldados, su comandante y los guardias de los judíos arrestaron a Jesús. Lo ataron y lo llevaron primeramente a Anás, que era suegro de Caifás, el sumo sacerdote de aquel año. Caifás era el que había aconsejado a los judíos que les convenía más que muriera un solo hombre por el pueblo.

Simón Pedro y otro discípulo seguían a Jesús. Y, como el otro discípulo era conocido del sumo sacerdote, entró en el patio del sumo sacerdote con Jesús; Pedro, en cambio, tuvo que quedarse afuera, junto a la puerta. El discípulo conocido del sumo sacerdote volvió entonces a salir, habló con la portera de turno y consiguió que Pedro entrara.

—¿No eres tú también uno de los discípulos de ese hombre? —le preguntó la portera.

—No lo soy —respondió Pedro.

Los criados y los guardias estaban de pie alrededor de una fogata que habían hecho para calentarse, pues hacía frío. Pedro también estaba de pie con ellos, calentándose.

Mientras tanto, el sumo sacerdote interrogaba a Jesús acerca de sus discípulos y de su enseñanza.

—Yo he hablado abiertamente al mundo —respondió Jesús—. Siempre he enseñado en las sinagogas o en el Templo, donde se

Día *33: «Si lo que dije es correcto, ¿por qué me pegas?». Juan 18:23*

congregan todos los judíos. En secreto no he dicho nada. ¿Por qué me interrogas a mí? ¡Interroga a los que me han oído hablar! Ellos deben saber lo que dije.

Apenas dijo esto, uno de los guardias que estaba allí cerca le dio una bofetada y le dijo:

—¿Así contestas al sumo sacerdote?

—Si he dicho algo malo —respondió Jesús—, demuéstramelo. Pero si lo que dije es correcto, ¿por qué me pegas?

Entonces Anás lo envió, todavía atado, a Caifás, el sumo sacerdote.

JUAN 18:12-24

SIENTES EL FRÍO que te cala los huesos cuando el miedo sopla su ráfaga helada sobre tus esperanzas o cuando la muerte acecha fría e insensible detrás de la puerta de alguien que amas o cuando no puedes escapar del pavor escalofriante de esa oscura nube de tormenta que ondea en tu horizonte.

Eso es lo que Juan dijo: que estaba oscuro y frío en esas horas después de la medianoche. Después de horas de sueño interrumpido por la angustiosa oración de Jesús en las sombras retorcidas y vacilantes del huerto de Getsemaní, bajo los viejos y nudosos olivos que extendían sus ramas marchitas en oración con Jesús, sus discípulos tiritaban de frío.

Jesús, el Cordero de Dios, allí, en el sagrado dolor de Getsemaní —que literalmente significa «prensa de aceite»— estaba siendo presionado con el peso aplastante de todas las tinieblas atroces y agobiantes que la humanidad tuvo que enfrentar alguna vez. Sus capilares se rompieron bajo la apretada prensa de todo un cosmos de vicio, y sus poros no podían dejar de derramar una ardiente pasión carmesí por su frente. Es posible que los discípulos hayan estado helados de frío, pero el infierno del corazón de Jesús ardía con una pasión candente que no se extinguiría por toda la eternidad.

En el momento en que arrestaron a Jesús, dos de sus discípulos llegaron al palacio de Anás para ser interrogados. Este incidente fue registrado solo en el Evangelio de Juan. Pedro, uno de ellos, estaba desesperado por calentar las yemas de sus dedos helados y su cuello rígido sobre un fuego encendido por los enemigos de Cristo. Calienta tu alma al calor de cualquier fuego que no sea para la gloria de la majestad de Cristo y la quemarás.

Pedro pronto se vería envuelto en un interrogatorio intenso en el patio exterior mientras Jesús estaba siendo interrogado dentro de la casa.

Con las manos atadas, Jesús fue arrojado delante de Anás. Cuando arrestaron a Jesús, los soldados solo creyeron que habían atado al Dios del universo. Lo único que ató a Jesús es su amor por ti. Lo único en todo el cosmos que ató el corazón de Cristo en esta tierra, a esta tierra, es el cordón eterno del amor divino por tu propia vida. Debido a que el corazón de Jesús está unido al tuyo, las piezas de tu corazón roto se unen de nuevo con amor.

Puedes confiar en que todo esto es verdad. Puedes confiar en que esto no es una historia ficticia, sino una historia real, honesta, porque Jesús estaba de pie en el palacio de Anás, el suegro del sumo sacerdote Caifás. El mismo nombre de Caifás fue descubierto por trabajadores de la construcción que estaban ensanchando un camino, a solo tres kilómetros al sur de Jerusalén, en una colina que hoy se conoce como «La colina del mal consejo». Excavando por accidente en una tumba del segundo templo, desenterraron un osario hecho con piedra caliza excepcionalmente ornamentada que llevaba inscritas en arameo las palabras «José hijo de Caifás». José era el nombre familiar del sumo sacerdote judío, ahora conocido como Caifás, quien gobernó en Jerusalén en la época de Jesús. Junto al osario hecho de piedra se encontró una moneda de bronce acuñada en el año 43 d. C., de la época del reinado de Herodes Agripa I. Cuando se levantó la antigua tapa de esa pequeña caja, tallada con un raro e intrincado patrón de rosetas y con rastros de pintura roja aún perceptibles a lo largo de los bordes, se encontraron los huesos fríos y secos de Caifás, de sesenta años, quien, junto con su suegro, Anás, envió a Jesús a la muerte. ¿Y qué más se encontró en la tumba con el osario que contenía los huesos de Caifás? Había dos clavos romanos que parecían ser clavos de crucifixión porque tenían la punta doblada como para fijar una mano a una cruz. Cuando se estudiaron con el microscopio de análisis de electrones, se demostró que los clavos tenían fragmentos antiguos y microscópicos de hueso y astillas de madera petrificada insertos dentro del óxido de hierro[1]. ¿Se usaron estos clavos romanos encontrados con Caifás para la crucifixión? Es muy probable. ¿La crucifixión de quién? ¿Acaso Caifás, tal vez luchando con el remordimiento por el papel de su familia en la ejecución del Hijo de Dios, guardó dos de los clavos de hierro de la misma pasión de Cristo y los hizo enterrar en la tumba familiar?

Nadie sabe con certeza si estos fueron los clavos de la crucifixión de Jesús. Lo que es cierto es que, incluso después de dos mil años, hay evidencia histórica verificable de un hombre clave y prominente en el Nuevo Testamento. La familia de Anás y Caifás terminó como huesos fríos y secos en una tumba oscura y helada, mientras que el corazón del Dios-Hombre, a quien juzgaron y crucificaron, ardió con un amor que desafió a la muerte y que todavía enciende los corazones a través de las edades, en todo el mundo, a través de las páginas, incluso, en este momento.

La historia de amor más grande no es solo una historia; es *historia* real.

Si bien es posible que el corazón de Pedro se haya enfriado respecto a Jesús mientras lo interrogaban en el patio exterior, el interrogatorio de Jesús resistió las llamas con su propio calor inquebrantable y su amor apasionado: «¡Interroga a los que me han oído hablar! Ellos deben saber lo que dije».

Tu corazón se agita porque tu corazón lo ha escuchado y, ciertamente, sabes quién es él en realidad. Si sabes lo que él dijo, *todo lo* que en realidad dijo, ¿cómo es posible que tu corazón no arda en tu interior, encendido por desear su presencia, su cercanía, todo su ser, por encima de todo?

En el juicio, Cristo no necesitó defenderse a sí mismo.

Porque ahora somos *sus* testigos, incluso en medio de nuestras pruebas.

Con cada paso que das en esta peregrinación, y en especial en este momento, es imposible que tu corazón no arda dentro de ti.

NOTAS PARA MI ALMA TRAS ESTA PEREGRINACIÓN AL CORAZÓN DE JESÚS:

DEBIDO A QUE

EL CORAZÓN DE JESÚS

ESTÁ UNIDO AL TUYO,

LAS PIEZAS DE TU

CORAZÓN ROTO

SE UNEN DE NUEVO

CON AMOR.

ESPERANZA DESPUÉS DE UNA PALABRA ROTA

—¿No eres tú también uno de los discípulos de ese hombre? —le preguntó la portera.

—No lo soy —respondió Pedro. [...]

Mientras tanto, Simón Pedro seguía de pie, calentándose.

—¿No eres tú también uno de sus discípulos? —le preguntaron.

—¡No lo soy! —dijo Pedro, negándolo.

—¿Acaso no te vi en el huerto con él? —insistió uno de los siervos del sumo sacerdote, pariente de aquel a quien Pedro le había cortado la oreja.

Pedro volvió a negarlo y en ese instante cantó el gallo.

JUAN 18:17, 25-27

Día *34: «Y en ese instante cantó el gallo». Juan 18:27*

TODAVÍA PUEDES sentir dolor por haber dicho algo que pensaste que nunca dirías o por haber hecho algo que juraste que nunca harías.

Sabes que actuaste como Pedro.

Tú también viviste momentos dolorosos en los que, como Pedro, tus palabras o acciones desconcertantes traicionaron tus mejores intenciones.

Jesús lo sabe. Aquel momento de la vida de Pedro cumplió lo que él había profetizado. Antes de que se escribiera esta parte de la historia, Jesús, la Palabra misma, sabía cómo se desarrollarían estas líneas de la historia. De nuevo en el aposento alto, después de que el Rey del universo se hubo arrodillado para tomar los talones de su gente y lavar la inmundicia entre los dedos de los pies, Simón Pedro le preguntó a Jesús: «¿Y a dónde vas, Señor?»

Jesús le respondió: «Adonde yo voy, no puedes seguirme ahora, pero me seguirás más tarde».

¿Por qué Pedro no podía seguirlo en ese momento? ¿Acaso había algo en su interior o en su entorno que pudiera impedir que Pedro siguiera a Jesús? Pedro mismo le había preguntado: «¿Por qué no puedo seguirte ahora? Por ti daré hasta la vida».

Es fácil pensar que estamos dispuestas a dar nuestra vida por Cristo cuando, en realidad, nos cuesta defenderlo y caminar con él todos los días.

Jesús respondió: «¿Tú darás la vida por mí? Te aseguro que antes de que cante el gallo, me negarás tres veces» (Juan 13:38).

¿Nos atrevemos a admitir que hay momentos en que nosotras también lo hemos negado?

Todas estamos de acuerdo en que la esperanza, y la oración, es simplemente esta: que el pueblo de la Palabra cumpla su palabra. Las personas comprometidas con Cristo viven sus compromisos. Las personas que dependen de Cristo son las más confiables. Las personas en Cristo son personas íntegras.

Debido a que estás hecha por la Palabra, es la Palabra la que te da tu identidad, y tu palabra es tu identidad. La palabra que cumples es la persona en la que te conviertes al final. Eres tu palabra. La palabra que cumples para manifestarte, para seguir adelante, para negarte a ti misma, es parte de convertirte en quien eres.

No solo la Palabra te da tu identidad, sino que guardar tu palabra te da tu comunidad. Si rompes tu palabra, romperás la comunidad. Si rompes tu palabra a ti misma y a tus seres queridos suficientes veces, romperás tu identidad.

La integridad, que literalmente significa «totalidad», está relacionada con la palabra *entero*, la misma palabra que se usa para número entero en matemáticas. Solo una persona íntegra es una persona completa. Una persona completa no está fragmentada y fraccionada en una persona en privado y otra en público. De ser así, te conviertes en una fracción de lo que estás diseñada para ser. Si faltas a tu palabra, tendrás que volver a buscar las partes de ti que perdiste para volver a estar completa. A menos que guardes tu palabra, tus promesas, te perderás a ti misma. Si faltas a tus promesas hechas a Dios, a los demás y a ti misma, ¿en quién te convertirás?

Sin embargo... ¿quién de nosotras puede cumplir su palabra enteramente? ¿Quién de nosotras puede cumplir todas las promesas y mantenerse entera? ¿Quién no ha sido como Pedro y no ha escuchado en algún momento de decepción del alma a algún gallo cantar fuertemente? Y ¿quién luego no ha llorado amargamente? ¿Quién no ha probado el hedor y el aguijón, el humo ardiente de algún momento en el que, como Pedro, nuestra falta de amor nos decepciona, nos deja en el fondo de un pozo? En el fondo, sin embargo, en la base, debajo de nosotras, todavía está el Amor mismo.

Pedro quebró su palabra, pero Jesús cumplió la suya para conservar a Pedro. El Cordero de Dios fue a la cruz para cargar con cada uno de aquellos momentos en los que actuamos como Pedro, porque él todavía nos lleva sobre sus hombros. ¿Puedes atreverte a creer en su amor apasionado por ti en especial ahora? ¿Puedes atreverte a creer que, a pesar de que Pedro abrazó con fuego su propia alma con una serie de negaciones porque sintió que el riesgo alrededor del fuego de Caifás era demasiado aterrador, el Amor resucitado, Cristo, le dio otra oportunidad? ¿Imaginas que después de tal negación, Jesús resucitaría de entre los muertos, encendería un fuego en la playa e invitaría a Pedro a volver a tener una relación con él? ¿Y que Pedro se volvería, en verdad se volvería, aunque estaba lleno del olor ardiente de una gran vergüenza pero también del calor de un amor aún más grande? En ese momento Pedro escucharía la humilde hospitalidad de Cristo invitándolo a comer, a venir y le confiaría el trabajo del reino, el cuidado de las ovejas de Cristo. ¿Puedes creerlo para ti también?

Tres veces, frente a toda la gente, Pedro traicionó cualquier amor o compromiso con Jesús. Luego, tres veces Jesús entregó lo que más amaba, su pueblo, a este mismo Pedro.

¿Me amas más que estos? Apacienta mis corderos.

¿Me amas? Cuida de mis ovejas.

¿Me quieres? Apacienta mis ovejas.

¿Puedes atreverte a creer que todavía hay un chorro de amor que limpia la mugre de la vida y cualquier contaminación en tu conciencia, y silencia los fantasmas que aúllan en los pasillos de tu mente?

Era imposible que Pedro en verdad pudiera seguir a Jesús antes de que Jesús lo hubiera amado lo suficiente como para morir por él. Solo gracias a que Jesús siguió el camino del sufrimiento hasta la cruz y tomó todo nuestro sufrimiento podemos seguirlo ahora. Las personas que mejor cumplen su palabra a Dios son precisamente las que saben que no pueden hacerlo. Por lo tanto, dependen de que *él* cumpla todo el pacto, de que cumpla su Palabra, de que sea fiel, de que las guarde.

Nada tiene el poder de recrear como la gracia.

Tus restos aún pueden dar a luz la resurrección.

Puedes confiar en que lo que arregla aquello que está roto es dejar todo a un lado, excepto su presencia.

Lo que se siente como tu destrucción puede ser tu reconstrucción.

Nada puede arruinarte definitivamente. Solo puede arruinarte para que desees algo menos que Dios.

La vida más transformadora es un largo arrepentimiento en su dirección.

Esta es una peregrinación digna de tu única vida: lo que nos hace más blancos que la nieve es fundirnos en las profundidades de su amor insondable.

NOTAS PARA MI ALMA TRAS ESTA PEREGRINACIÓN AL CORAZÓN DE JESÚS:

____

____

____

NADA TIENE EL

PODER

DE RECREAR

COMO

LA GRACIA.

EL REY DE TU CORAZÓN

Así que Pilato salió a interrogarlos:

—¿De qué delito acusan a este hombre?

—Si no fuera un malhechor —respondieron—, no se lo habríamos entregado.

—Pues llévenselo ustedes y júzguenlo según su propia ley —les dijo Pilato.

—Nosotros no tenemos ninguna autoridad para ejecutar a nadie —objetaron los judíos.

Esto sucedió para que se cumpliera lo que Jesús dijo sobre la clase de muerte que iba a sufrir.

Pilato volvió a entrar en el palacio y llamó a Jesús.

—¿Eres tú el rey de los judíos? —le preguntó.

—¿Eso lo dices tú —respondió Jesús— o es que otros te han hablado de mí?

—¿Acaso soy judío? —respondió Pilato—. Han sido tu propio pueblo y los jefes de los sacerdotes los que te entregaron a mí. ¿Qué has hecho?

—Mi reino no es de este mundo —contestó Jesús—. Si lo fuera, mis propios guardias pelearían para impedir que los judíos me arrestaran. Pero mi reino no es de este mundo.

Día *35: «Mi reino no es de este mundo». Juan 18:36*

—¡Así que eres rey! —le dijo Pilato.

Jesús contestó:

—Eres tú quien dice que soy rey. Yo para esto nací y para esto vine al mundo: para dar testimonio de la verdad. Todo el que está de parte de la verdad escucha mi voz.

—¿Y qué es la verdad? —preguntó Pilato.

Dicho esto, salió otra vez a ver a los judíos.

—Yo no encuentro que este sea culpable de nada —declaró—. Pero como ustedes tienen la costumbre de que suelte a un preso durante la Pascua, ¿quieren que suelte al rey de los judíos?

—¡No, no sueltes a ese! ¡Suelta a Barrabás! —volvieron a gritar.

Y Barrabás era un insurgente.

JUAN 18:29-40

TU CORAZÓN RESPONDE a lo que ama.

Esto es delicado y verdadero: cualquier cosa en tu vida a la cual le dediques mucho tiempo termina gobernando tu vida.

En definitiva, coronas lo que te cautiva.

Es una pregunta sensible y necesaria: ¿Es el Amor mismo tu Rey o derrocaste al Amor mismo solo para arrojar tu corazón a los pies de amores menores y más baratos?

Los ojos de Jesús encuentran los tuyos: Dios te llama a amarlo con todo tu corazón solo porque sabe que cualquier cosa que ames más que a él te partirá el corazón a fin de cuentas.

Los ojos de Jesús sostienen los tuyos: Dios te llama a amarlo con todo tu corazón para *que estés completa*.

Jesús se acerca a tu rostro y susurra en lo más profundo de tu alma: «Yo he venido para que tengan vida y la tengan en abundancia» (Juan 10:10).

Si te sientes fragmentada, fracturada y menos que plena, quizás sea una oportunidad que Jesús te está dando para que examines los lugares vulnerables de tu corazón y veas si estás amando al Rey de tu corazón con todo tu corazón.

Pilato le preguntó a Jesús a quemarropa: «¿Eres tú el rey de los judíos?».

Pilato no le preguntó a Jesús, quien tenía las manos atadas, acerca de su reinado frente a los líderes religiosos judíos porque los líderes judíos se negaban a poner un pie en el cuartel general de Pilato para no volverse ceremonialmente impuros. Si se volvían impuros, no podrían participar en las celebraciones de la Pascua. Irónicamente, los líderes judíos querían ser extremadamente cuidadosos para asistir a las festividades de la Pascua, pero no se ocuparon ni mostraron el más mínimo cuidado hacia el Cordero de la Pascua. Los líderes judíos querían guardar la Pascua mientras ignoraban al verdadero Cordero pascual, quien no había guardado ni retenido nada. Aquel que dejó su trono y todo el cielo para dar su vida por los pecados del mundo, por amor al mundo, por la sanidad del mundo y la *plenitud de la vida verdadera.*

¿Por qué tener más fidelidad a la forma en que te ves, o a la forma en que te sientes, que tener fidelidad genuina al Amor mismo?

¿Por qué amar más el cumplimiento de la letra de la ley que hacer de toda tu vida una carta de amor a Aquel que te guarda siempre?

¿No le piden estas preguntas una respuesta verdadera a tu vida?

El Sanedrín, el consejo de líderes judíos, había determinado desde hacía mucho tiempo que Jesús tenía que ser eliminado, borrado de toda conversación (Juan 11:47-53). Ya dos veces habían intentado apedrear a Jesús hasta la muerte por blasfemia, por afirmar ser Dios, por afirmar ser el Rey eterno del universo (Juan 8:59; 10:31).

No hay forma de evitarlo: en cada línea de la trama de Dios, Jesús es o quien dice ser, el Rey divino, o un conspirador engañoso. No hay otra manera de categorizar a Aquel que vino de otro mundo para irrumpir en el tiempo con el fin de liberarnos a la vida verdadera en él y en su reino.

Los líderes religiosos enfurecidos porque Jesús reclamaba la realeza no solo de un reino terrenal, sino de un reino cósmico, ahora exigían que Jesús muriera una muerte de crucifixión, lo cual era el cumplimiento exacto de la profecía de Jesús acerca de su muerte: «Como levantó Moisés la serpiente en el desierto, así también tiene que ser levantado el Hijo del hombre, para que todo el que cree en él tenga vida eterna» (Juan 3:14-15).

Jesús no sería enterrado bajo un montón de piedras, no sería una luz sofocada bajo una oscuridad aplastante, sino que sería levantado; sería una luz en las alturas para traer sanidad, para atraer a todos aquellos que sufren al calor de su amor reconfortante y hacer rodar todas nuestras piedras de desesperación (Juan 12:32).

Jesús enfrentó siete audiencias diferentes durante sus últimas veinticuatro horas antes de ser levantado: primero ante Anás (Juan 18), luego ante Caifás (Mateo 26), luego ante el Sanedrín (Mateo 27), luego ante Pilato (Juan 18), luego ante Herodes (Lucas 23), de nuevo ante Pilato (Lucas 23) y, finalmente, ante el pueblo (Juan 18:38-40). Incluso en este juicio ante Pilato, hubo siete escenas que fueron desde el interior hacia el exterior del palacio de Pilato. Pero ¿y si no es Jesús quien en realidad está siendo juzgado al final?

¿Y si es el Pilato en cada uno de nosotros el que en realidad siempre está siendo juzgado? ¿Y si la vida no se trata tanto de las pruebas que enfrentamos, sino de la postura de nuestro corazón en medio de las pruebas de la vida?

Si Jesús estuviera frente a ti ahora con el corazón atado al tuyo, los ojos escudriñando los tuyos, el corazón susurrándole al tuyo: *¿Soy yo el Rey de tu corazón? ¿O qué coronaste con tu tiempo, tu atención, tu interés, tu corazón, que al final del camino no podrá levantarte a la vida verdadera? ¿En realidad viste con los ojos de tu corazón lo que hice por ti, de modo que te conmueve, te acerca a mi corazón que vivifica? ¿Mi amor tocó tu corazón, lo emocionó, lo abrió, lo cambió, lo conmovió, lo avivó, lo encendió, lo inflamó? ¿Tuviste en cuenta todas las formas en que te estuve atrayendo para que te alejes de lo que no satisface y vuelvas al amor divino, a la santa plenitud y a la vida más plena?*

¿No piden estas preguntas una respuesta verdadera a tu vida?

Puedes sentir en tus huesos ahora mismo lo que él hizo por ti. Él es quien vivió de la manera perfecta, la que siempre tuviste la esperanza de vivir, y quien ofrece el registro impecable de su vida como tu vida. Él es quien murió de la manera dolorosa que pudo haber sido la tuya y absorbió todo tu dolor como si fuera suyo.

Él es quien sana los corazones rotos con el suyo, quien le da vista a cada uno de tus puntos ciegos. Él es quien camina sobre las olas de todas tus tormentas, quien alimenta tu alma con maná en medio de una multitud de problemas, aplasta la cabeza de cada una de tus mentiras sibilantes y resucita a la vida tus esperanzas muertas.

Esta es tu resurrección diaria.

Esta es tu realidad cotidiana.

Este es tu todo.

No te lo pierdas.

Él está derramando su vida en tu vida. Él es tu Pan (Juan 6:35), tu Luz (Juan 8:12), tu Puerta (Juan 10:7), tu Buen Pastor (Juan 10:11, 14), tu Resurrección (Juan 11:25), tu Camino, tu Verdad, tu Vida (Juan 14:6), y tu verdadera Vid, la fuente de toda tu vida abundante (Juan 15:1).

No te lo pierdas.

Él es tu único Rey, tu único Redentor, tu único Restaurador, tu único Sustentador, tu único Cordero, Amante y Señor; el único cuya pasión te amó hasta la muerte y la resurrección a la vida más segura y verdadera, porque nos salvó para *sí mismo*, porque él es la Vida.

Peregrina al palacio de su presencia y póstrate.

Jesús en verdad te entiende. Es el único que te entiende por completo. Él te entiende. Entiende todo sobre ti. Aquel que en realidad nos entiende merece tener toda nuestra lealtad y nuestra fidelidad absoluta, todo nuestro corazón, toda nuestra vida, todo nuestro ser, para que podamos estar completas. El Rey murió para ser el Rey de tu corazón... el Rey de tu todo.

Esto cambia todo por completo, empezando ahora mismo.

NOTAS PARA MI ALMA TRAS ESTA PEREGRINACIÓN AL CORAZÓN DE JESÚS:

¿DE DÓNDE ERES?

Pilato tomó entonces a Jesús y mandó que lo azotaran. Los soldados, que habían trenzado una corona de espinas, se la pusieron a Jesús en la cabeza y lo vistieron con un manto color púrpura.

—¡Viva el rey de los judíos! —gritaban, mientras se acercaban para abofetearlo.

Pilato volvió a salir.

—Aquí lo tienen —dijo a los judíos—. Lo he traído para que sepan que no lo encuentro culpable de nada.

Cuando salió Jesús, llevaba puestos la corona de espinas y el manto color púrpura.

—¡Aquí tienen al hombre! —les dijo Pilato.

Tan pronto como lo vieron, los jefes de los sacerdotes y los guardias gritaron a voz en cuello:

—¡Crucifícalo! ¡Crucifícalo!

—Pues llévenselo y crucifíquenlo ustedes —respondió Pilato—. Por mi parte, no lo encuentro culpable de nada.

—Nosotros tenemos una Ley y según esa Ley debe morir, porque se ha hecho pasar por Hijo de Dios —insistieron los judíos.

Al oír esto, Pilato se atemorizó aún más, así que entró de nuevo en el palacio y preguntó a Jesús:

Día *36: «¿De dónde eres tú?». Juan 19:9*

—¿De dónde eres tú?

Pero Jesús no contestó nada.

—¿Te niegas a hablarme? —dijo Pilato—. ¿No te das cuenta de que tengo poder para ponerte en libertad o para mandar que te crucifiquen?

—No tendrías ningún poder sobre mí si no se te hubiera dado de arriba —contestó Jesús—. Por eso el que me puso en tus manos es culpable de un pecado más grande.

Desde entonces, Pilato procuraba poner en libertad a Jesús, pero los judíos gritaban desaforadamente:

—Si dejas en libertad a este hombre, no eres amigo del césar. Cualquiera que pretende ser rey se hace su enemigo.

Al oír esto, Pilato llevó a Jesús hacia fuera y se sentó en el tribunal, en un lugar al que llamaban el Empedrado, el cual en hebreo se dice «Gabatá». Era el día de la preparación para la Pascua, cerca del mediodía.

—Aquí tienen a su rey —dijo Pilato a los judíos.

—¡Fuera! ¡Fuera! ¡Crucifícalo! —vociferaron.

—¿Acaso voy a crucificar a su rey? —respondió Pilato.

—No tenemos más rey que el césar —contestaron los jefes de los sacerdotes.

Entonces Pilato se lo entregó para que lo crucificaran y los soldados se lo llevaron.

JUAN 19:1-16

MIRA EL ROSTRO de tu Amor que vino a morir, a amarte para que tengas la única vida que llena.

Él permitió que la corona de espinas fuera presionada en su frente para que nunca estuvieras sola con esa espina punzante presionada en tu costado.

Recibió los golpes de los látigos hechos de tiras de cuero, metal afilado y huesos en forma de gancho, hasta que sus huesos sangrantes aparecieron para sacarte de cada gancho sangriento. Tu Dios fue azotado para poner fin a tu autoflagelación.

Tu Dios, quien exhaló galaxias llenas de estrellas, recibió la punzante bofetada en la mejilla para que pudieras volver tu rostro hacia un horizonte de esperanzas sin fin.

Tu Cordero herido no devolvió el golpe porque estaba enamorado de ti. Como una oveja ante los trasquiladores, tomó todo para poder tomar todo de ti (Isaías 53:7).

La Palabra hecha carne se dejó golpear y herir para protegerte contra todas las palabras acusadoras por toda la eternidad.

¿Dónde encontrarás la vida verdadera sino solo en un Amor como este?

Él vino para que tuvieras la vida plena y verdadera, pero no te obliga a tener esta vida plena. Nos da a todas una opción: ¿Nos conformaremos con versiones falsas o menores de la vida, con imitaciones baratas e insatisfactorias, o nos libraremos de todas las distracciones y engaños, y abrazaremos el amor divino y la vida misma?

Pilato se repetía a sí mismo: este Jesús nunca había hecho ni una cosa mala bajo el sol ni una sola vez en toda su vida. Cinco veces Pilato intentó torpemente liberar a Dios de nuestro arresto (Lucas 23:4, 15, 20-22; Juan 19:4, 12-13). Podemos cuestionar el corazón y las actitudes de Pilato, pero ¿acaso no somos nosotras también como Pilato en algunos aspectos, por ejemplo, en el sentido de que no estamos completamente cautivadas por el amor de Dios por nosotras?

Tal vez Pilato se preguntaba: ¿Si torturara a Jesús lo suficiente, estaría la gente lo suficientemente satisfecha para liberarlo? Es extraño que Pilato haya pensado que, si humillaba a Dios lo suficiente, eso bastaría para liberarlo. Escupido y ensangrentado por los golpes, ¿no sería Dios ahora simplemente arrojado a la calle por la gente? ¿No se compadecerían por fin del maltrecho y magullado Cordero de Dios y simplemente lo dejarían libre? ¿Cómo podría este rey desquiciado, más bien una burla, ser un peligro para el poder de la élite?

Aun así, la muchedumbre y quienes estaban en el poder lo querían muerto; no solo porque afirmaba que se sentaría en el trono como Rey de los judíos, sino a fin de cuentas porque sabían que en realidad afirmaba ser Dios en el trono; afirmaba ser el Rey del universo.

¿No habían salido ya de los labios de Jesús palabras sobrenaturales que afirmaban que era el Rey de un reino que no era de este mundo (Juan 18:36)? O Jesús está desquiciado o todo el universo depende de él. Destiérralo o póstrate ante él como Rey, pero no lo menosprecies haciéndolo un maestro dócil de tu propia creación.

Pilato podía percibir que Jesús no estaba trastornado y que no era un demagogo; Jesús era divino. Es decir, la Tierra es un planeta escogido. No es un planeta fortuito, no es un planeta casual, no es un planeta al azar, es un planeta escogido.

El amor apasionado de Dios movió a Dios a venir y caminar sobre el suelo de este planeta porque quería caminar a tu lado, estar contigo, llamarte, porque tiene un llamado único para ti. Esta es la historia verdadera: la divinidad quiere habitar contigo, vivir en ti.

Tal vez por eso Pilato se quedó mirando a los ojos de Cristo y «se atemorizó aún más». Cuando el mismo Dios quiere morar dentro de ti, puedes experimentar un asombro atemorizante en tu interior.

Los intentos de Pilato de manipular la liberación de Jesús no fueron motivados por la ira ni por la diversión. Pilato, en realidad, estaba actuando por temor. Porque la creencia romana de la época sostenía que los dioses de lo alto podían descender bajo un disfraz humano. Pilato sabía que al mirar el rostro del hombre que tenía delante estaba mirando el rostro de algo más que un hombre: estaba mirando el rostro del Hacedor del hombre; estaba mirando el rostro de la Fuente del universo, miraba el rostro del Amor infinito. ¿Cómo Dios no va a causarte asombro? ¿Cómo no balbucear: «¿De dónde eres tú?».

Tal vez no haya pregunta más importante en el universo que: «¿De dónde eres tú?». Porque antes de determinar «¿A dónde vamos desde aquí?», primero tenemos que saber de dónde es Jesús. Una vez que sepas de dónde es Jesús, puedes determinar a dónde va tu vida. Si sabes que Jesús es, en definitiva, de lo alto, ¿qué puedes hacer sino postrarte y rendirle tu corazón entero a él? Si sabes que Jesús es Dios que bajó del cielo para caminar en esta tierra, sabes cómo caminar todos tus días en la Tierra hasta que camines de regreso a tu hogar en el cielo.

Debes saber que Jesús vino a ti desde el trono del cielo y que solo Jesús es digno de sentarse en el trono de tu corazón. *Debes destronar todas y cada una de las distracciones.*

«¿No te das cuenta de que tengo poder?». Pilato estaba asombrado de que Jesús no tuviera miedo de su poder. Jesús no tenía miedo porque sabía que la condenación no tiene poder, los diagnósticos no tienen poder, la vergüenza no tiene poder, el pasado no tiene poder; *solo Dios tiene poder sobre todo lo que parece tener poder.* Dios está para ayudarte y te sostiene y usa todo el poder de su amor para salvarte en su corazón donde está la Vida.

Cuando ofreció al golpeado Cordero sacrificial de Dios de nuevo al pueblo, Pilato se sorprendió de que la multitud no se conmoviera en lo más mínimo para liberarlo, sino que siguiera gritando: «¡Crucifícalo!».

¿Cuántas veces nuestros días, nuestras decisiones respecto a nuestro tiempo, nuestras distracciones que nos adormecen con golpes rápidos de dopamina, dijeron a su manera: «¡Fuera! ¡Fuera!», en lugar de comprometernos con Jesús y reconocer que estar con él es el único camino hacia la plenitud que buscamos?

¿Cuántas veces somos como Pilato, carentes del coraje de la convicción? ¿Cuántas veces somos como Pilato y, careciendo de compromiso, traicionamos nuestra consciencia para ganar la aceptación de la multitud? ¿Cuántas veces hemos rechazado a Jesús como el Rey de nuestros amores, solo para encontrarnos esclavizadas por amores tiranos más baratos?

En todo momento, el corazón sigue eligiendo quién es su rey. El corazón viene con un trono que busca a cada instante ser llenado. O Jesús es el Rey de tu corazón, el único que te amó hasta la muerte y la resurrección a la vida más plena y verdadera en su propio reino, o un millón de Césares opresivos gobernarán tu corazón hasta la muerte.

Todo cambia cuando te tomas el tiempo para detenerte en esta pregunta: dado el hecho que das testimonio de su pasión por ti, ¿cómo vas a negarte a llevar tu cruz por él?

Cuando tocas sus llagas y tocas los bordes de la profundidad de su amor por ti, tu corazón se une al suyo. Cuando trazas lentamente cada una de sus cicatrices y ves cómo estás trazando tu propio nombre, no puedes dejar de decir su nombre.

Míralo detenidamente a los ojos, directo a su corazón abierto de par en par para ti.

Esta es la peregrinación a la presencia del Amor puro que transforma por completo tu corazón. Solo debes permitirte recibirlo por completo.

Esta es la pasión más grande que jamás hayas conocido.

Aquí está tu todo... tu verdadera vida.

NOTAS PARA MI ALMA TRAS ESTA PEREGRINACIÓN AL CORAZÓN DE JESÚS:

SOLO JESÚS
ES DIGNO
DE SENTARSE
EN EL TRONO
DE TU CORAZÓN.

EL CENTRO REVOLUCIONARIO

Entonces Pilato se lo entregó para que lo crucificaran y los soldados se lo llevaron.

Jesús salió cargando su propia cruz hacia el lugar de la Calavera, que en hebreo se llama «Gólgota». Allí lo crucificaron y con él a otros dos, uno a cada lado y Jesús en medio.

Pilato mandó que se pusiera sobre la cruz un letrero en el que estuviera escrito:

Jesús de Nazaret, rey de los judíos.

Muchos de los judíos lo leyeron, porque el sitio en que crucificaron a Jesús estaba cerca de la ciudad. El letrero estaba escrito en hebreo, latín y griego.

—No escribas "rey de los judíos" —protestaron ante Pilato los jefes de los sacerdotes judíos—. Era él quien decía ser rey de los judíos.

—Lo que he escrito, escrito queda —contestó Pilato.

Cuando los soldados crucificaron a Jesús, tomaron su manto y lo partieron en cuatro partes, una para cada uno de ellos. Tomaron también la túnica, la cual no tenía costura, sino que era de una sola pieza, tejida de arriba abajo.

—No la dividamos —se dijeron unos a otros—. Echemos suertes para ver a quién le toca.

Día *37: «Allí lo crucificaron». Juan 19:18*

Y así lo hicieron los soldados. Esto sucedió para que se cumpliera la Escritura que dice:

«Se repartieron entre ellos mi manto
y sobre mi ropa echaron suertes».

Junto a la cruz de Jesús estaban su madre, la hermana de su madre, María, la esposa de Cleofas, y María Magdalena. Cuando Jesús vio a su madre y al discípulo a quien él amaba a su lado, dijo a su madre:

—Mujer, ahí tienes a tu hijo.

Luego dijo al discípulo:

—Ahí tienes a tu madre.

Y desde aquel momento ese discípulo la recibió en su casa.

JUAN 19:16-27

ESTA ES LA HORA en que él derrama su pasión por ti y la revolución de su amor cambia todo para ti.

Jesús cuelga desnudo de un madero en el calvario para cubrir toda la vergüenza de la humanidad desde los tiempos en que Adán y Eva se escondieron avergonzados detrás de ese primer árbol del huerto de Edén.

Jesús es exiliado y crucificado para devolver a toda la humanidad al paraíso de comunión con Dios, del cual el pecado de Adán y Eva nos había exiliado a todos.

Jesús bebe la copa del sufrimiento para hacer la voluntad de su Padre: revivir a toda la humanidad que ha estado sufriendo desde que Adán y Eva comieron de ese primer árbol, directamente en contra de la voluntad de su Padre.

Jesús toma una corona de espinas para ofrecer un verdadero rescate a toda la humanidad que, desde el rechazo de Adán y Eva a Dios, estuvo bajo una maldición de espinas.

Jesús renuncia a su vida en un madero para dar derecho a comer «del fruto del árbol de la vida, que está en el paraíso de Dios» (Apocalipsis 2:7, NTV). Jesús renuncia a su vida para revolucionar nuestra vida y llevarnos hacia la vida abundante que hemos anhelado, desde que Adán y Eva desobedecieron y comieron del árbol de la vida y comenzaron a morir (Génesis 3:24).

El Amor mismo, quien dio su vida por ti en esa cruz, es quien revierte todo el poder de la muerte sobre ti. El poder del amor convierte todo en vida para ti, vida plena.

Jesús carga su cruz por ti, pero es en realidad a ti a quien carga.

Colgado sobre sus hombros heridos, ese travesaño de la cruz pesaba más de cuarenta y cinco kilos. Pero fue el quebrantamiento y la pecaminosidad del mundo, tu mundo, lo que lo aplastó inconmensurablemente; lo que llevó al Rey del universo a una revolución de amor para ganarte de vuelta para la vida y para él mismo.

Esto es lo que Pilato había inscrito en un cartel en la cruz: «Jesús de Nazaret, Rey de los judíos». Era costumbre hacer un letrero para la persona condenada, en el cual se indicaba su nombre y la naturaleza de su crimen. En el caso de Jesús, la acusación no era que él afirmara ser el Rey, sino que *en realidad lo era*. Escrito en tres idiomas (arameo, latín y griego), el letrero anunciaba este momento de la historia como un acontecimiento cósmico internacional y global. Anunciaba que Jesús no era solo el rey de un pueblo, sino el Rey del mundo, el Rey cósmico cuyo reino mismo no es de este mundo, sino que es un reino de amor sobrenatural donde florece la vida verdadera.

Dios con piel vino a este suelo. Dios con piel visitó este planeta. Dios con piel es más que teología. Dios con piel entró literalmente en la geografía porque quería, nada menos, que experimentar la intimidad personal contigo.

Cuando él colocó su propia espalda destrozada contra la cruz, no lo hizo porque se vio obligado a hacerlo. El Cordero de Dios por voluntad propia dio su vida por sus amigos, por ti, para cubrir tu ruina y pecaminosidad con su perfección, para cubrirte con un manto de justicia y hacerte su novia. Aquel que es Amor fue asesinado por amor y para el amor. Fue asesinado por amor por ti para que pudieras elevarte a la vida verdadera en los aposentos internos de su corazón.

Con los brazos extendidos a lo largo de ese travesaño, las manos sobrenaturales que lanzaron estrellas a través del lienzo de galaxias enteras fueron atravesadas por clavos formados por elementos metálicos, que él mismo creó en el núcleo del propio planeta que vino a visitar.

Dios encarnado permitió que puntas de 18 centímetros le perforaran los pies, aquellos pies que fueron los únicos que alguna vez caminaron sobre olas embravecidas. Los pies de aquel que es el único camino, la verdad más verdadera, la vida más real.

«Le crucificaron» (RVR60).

Dos palabras sin adornos. Dos palabras como estas otras que quizás expresan el grito cósmico del corazón de Cristo a través del tiempo y del espacio: *te amo*.

El Evangelio del apóstol Juan no necesita explicar o embellecer los horrores de la crucifixión. Simplemente, enuncia la historia más impresionante: los creados crucificaron a su Creador.

Cicerón, el noble romano, habló de la crucifixión como un castigo horrible, peor que la decapitación o la hoguera: «¿Qué diré de crucificar [a alguien]? [...] Una acción que no puede, bajo ninguna posibilidad, expresarse adecuadamente con un nombre lo suficientemente malo para ella»[1].

No hay palabras cuando matas a la Palabra.

La humanidad crucifica a Dios.

Debido a que le rompió el corazón ver cómo nos entregamos a los brazos de todo tipo de amores endebles, a todas nuestras aventuras amorosas con las cosas traicioneras de este mundo, entregó su corazón desnudo, magullado y palpitante en ese altar de madera para cortejarnos y ganarnos de nuevo para él, el único Amor que puede insuflar vida en nuestro corazón fracturado.

Dios se entregó a la muerte por crucifixión para cubrir nuestros pecados y restaurarnos a la comunión con él, lo cual es la definición de la vida verdadera.

Es allí, en el calvario, donde todo el mundo está representado. Jesús en el centro. A un lado, el necesitado y arrepentido que fue salvado; al otro, el autosuficiente que no fue salvado. En el centro estaba el eje revolucionario de todo, el Rey apasionado, el centro del universo. Solo él es el centro de la historia; el centro entre la esperanza y todo tipo de infierno; el centro entre Dios y toda la humanidad; el centro entre la restauración y todo tipo de condenación; el centro entre el abandono y la unidad.

Durante seis horas agonizantes, el Dios que colgó el sol colgó bajo el sol. El amor lo impulsó a cambiar todo, lo llevó a la enésima potencia, incluso a la muerte, para que nada nos arrebatara de sus manos.

No pases por alto esto.

Había sido él quien se agachó para soplar el cálido aliento en los pulmones de la humanidad y, ahora, físicamente atado a un poste de madera, cada una de sus respiraciones agitadas era una bola de fuego de agonía que atravesaba sus pulmones, hasta que Aquel que dio el cálido aliento apenas pudo soportar exhalar una respiración abrasadora más.

Tu Cordero se desangró... por ti por ti *por ti.*

Dios siempre se sacrificó por ti. El Amor siempre se sacrificó por ti.

En hebreo, la palabra para *sacrificio*, *korbán*, significa «acercar más». El Amor mismo siempre se sacrificó por ti, para hacer un camino que lo acercara a ti, para ser íntimamente uno contigo, para cuidar de ti.

Esto es lo que hace que este día único en la historia sea no solo bueno, sino sin lugar a duda el *mejor*: nunca serás abandonada porque él abandonó *todo* para estar *contigo.*

Eres familia de Dios debido a su reinado crucificado; él derramó su sangre para hacerte de su misma sangre, para hacerte suya. Tienes la oportunidad de llamar al Rey del universo «Padre» y de vivir para siempre en un nuevo tipo de familia de amor cruciforme porque el Hijo de Dios te amó hasta la muerte para que cada una de las viejas costumbres que mal formaron tu corazón y tu vida murieran.

Esto es un alivio. Esto es revolucionario. *Esto tiene en el centro la relación, el vínculo.*

Su expiación en la cruz fue nada menos que para unificación contigo. Porque él sabe y quiere esto para ti: la unificación con Dios es la única manera de que un alma esté en completa paz. El Viernes Santo en realidad es el mejor viernes de todos porque ¿qué podría superar esto?

¿Cómo podría alguien guardar un amor revolucionario como este para sí mismo, cuando él dio todo de sí para rescatarnos de nosotras mismas por completo? ¿Cómo podría alguien avergonzarse de compartir un amor revolucionario como este, cuando él tomó hasta el último gramo de nuestra vergüenza? ¿Cómo podría alguien dudar en aceptar la revolucionaria Buena Noticia del Viernes Santo, cuando él soltó todo para retenernos para siempre?

Tomó fuego para que pudieras caminar libre. Tomó la violencia para que pudieras ser vencedora. Tomó el infierno para que pudieras ser sanada y comenzar a saborear el cielo ahora. Tu pecado lo hirió mucho más intensamente que cualquier punta afilada. Él permitió que los horrores de Satanás lo golpearan para que cada uno de nuestros pecados desgarradores pudiera ser limpiado.

Lo que Jesús te dio en la cruz fue un amor tan indescriptible que todas las demás palabras no logran expresar las dolorosas profundidades por las que pasó por ti. Este es un amor revolucionario que está, literalmente, más allá de las palabras. Por esta razón, se tuvo que forjar una palabra completamente nueva para definirlo: *ex cruciatus* («lacerante»). Combinación de dos palabras latinas, *ex* y *cruciatus* que significan, literalmente, «sobre la cruz».

Sobre la cruz, el amor *ex cruciatus* convierte las tinieblas en luz.

Sobre la cruz, el amor *ex cruciatus* convierte todo quebrantamiento en plenitud.

Sobre la cruz, el amor *ex cruciatus* dirige a los muertos vivientes hacia una vida gloriosa.

Sobre la cruz, el amor *ex cruciatus* viene hacia ti.

Sobre la cruz, el Amor lacerante mismo te lleva a la comunión con él, *la cual es la vida más plena.*

Sobre la cruz, este amor *ex cruciatus*, el cual es completamente revolucionario, el cual cambia al universo entero, comienza esta gran revolución dentro de tu propio corazón hacia la Vida y el Amor mismo.

NOTAS PARA MI ALMA TRAS ESTA PEREGRINACIÓN AL CORAZÓN DE JESÚS:

POR MEDIO

DE LA CRUZ,

EL AMOR LACERANTE

CONVIERTE A LOS

MUERTOS VIVIENTES

EN SERES

GLORIFICADOS.

TRASPASADO

Después de esto, como Jesús sabía que ya todo había terminado y para que se cumpliera la Escritura, dijo:

—Tengo sed.

Había allí una vasija llena de vinagre; así que empaparon una esponja en el vinagre, la pusieron en una rama de hisopo y se la acercaron a la boca. Al probar Jesús el vinagre, dijo:

—Todo se ha cumplido.

Luego inclinó la cabeza y entregó el espíritu.

Era el día de la preparación para la Pascua. Los judíos no querían que los cuerpos permanecieran en la cruz en sábado, por ser este un sábado muy solemne. Así que pidieron a Pilato ordenar que quebraran las piernas a los crucificados y bajaran sus cuerpos. Fueron entonces los soldados y quebraron las piernas al primer hombre que había sido crucificado con Jesús y luego al otro. Pero cuando se acercaron a Jesús y vieron que ya estaba muerto, no quebraron sus piernas, sino que uno de los soldados le abrió el costado con una lanza y al instante brotó sangre y agua. El que lo vio ha dado testimonio de ello y su testimonio es verídico. Él sabe que dice la verdad, para que también ustedes crean. Estas cosas sucedieron para que se cumpliera la Escritura: «No le quebrarán ningún hueso» y como dice otra Escritura: «Mirarán al que han traspasado».

JUAN 19:28-37

Día *38: «Mirarán al que han traspasado». Juan 19:37*

MÍRALO.

Dios, el aliento de vida que insufló vida en los pulmones del primer hombre, ahora gorgotea muerte en cada respiración.

Todo el peso de su cuerpo desnudo y suspendido en la cruz tensa dolorosamente el diafragma de lo Divino.

La única manera de poder exhalar es impulsando sus pies perforados hacia arriba más de treinta centímetros, los clavos destrozando los huesos del tarso. Para dar cada respiración desesperada, debe arrastrar la espalda en carne viva contra la áspera corteza de la cruz. La crucifixión es, a menudo, una muerte lenta por asfixia. Este Amor te deja sin aliento.

Por todas las veces que sentiste que te estabas asfixiando bajo lo que te agobia, Jesús ahora, con cada jadeo para tomar aire, se sofoca con un amor arrollador por ti para vencer lo que sea que estés enfrentando.

El dióxido de carbono sube en su sangre. Los músculos se acalambran violentamente. El corazón le late salvajemente bombeando cada ápice de oxígeno disponible para el tejido debilitado. Los capilares se abren. Su respiración se vuelve superficial, se acelera, se convierte en jadeo frenético. Está hambriento de aire. Hace esto por ti porque tiene el hambre suficiente para atraer tu atención, tu corazón completo.

Sus brazos, insoportablemente extendidos a lo largo de la viga, gritan con el peso de su cuerpo que los estira más de quince centímetros más de lo normal. Hará todo lo posible para estar contigo.

El agua se acumula alrededor de su corazón, aplastando sus pulmones. Han pasado más de quince horas desde que pasó agua por sus labios resecos y ensangrentados. Flagelado y azotado, severamente deshidratado, con altos niveles de potasio agolpándose en su torrente sanguíneo, el corazón de Dios comienza a galopar peligrosamente. Dios nunca deja de buscarte, de correr hacia ti.

Soportando un ardor incomprensible con cada esfuerzo para respirar, Jesús, la Palabra, obliga al aire a pasar por encima de las cuerdas vocales. A pesar de la agonía, la Palabra necesita hablar no una, sino siete veces en la cruz. Son palabras que no pueden dejar de decirse, palabras que tienes que saber que él las dijo, palabras que ponen todas las cuentas en orden: «Perdónalos» (Lucas 23:34).

Él te perdonó para tenerte... por completo.

«Estarás conmigo en el paraíso» (Lucas 23:43). Jesús soportó el infierno porque vio que tú, *tú*, podías estar con él en el paraíso.

Dios, quien colgó todas las estrellas, cuelga de dos puntas de hierro, clavos que atraviesan sus muñecas. No se está aferrando a la vida preciosa; por el contrario, está renunciando a su vida porque quiere aferrarse a ti. Quiere darte vida verdadera en el paraíso que es su presencia.

Te mira a los ojos. Tu corazón escucha su susurro sediento: «Tengo sed».

Tu Dios moribundo tiene sed. Desea beber por completo la copa de ira que estaba destinada a ti, debido a que no estás siempre a la altura de las circunstancias. Tu Dios soporta lo peor por ti para que cuando tu alma tenga sed, puedas beber en abundancia del único amor que en realidad satisface tu alma sedienta. ¿Cómo no tener una profunda sed de él?

Así como el hisopo una vez fue saturado con la sangre del cordero para marcar los dinteles de las puertas de tus antepasados en Egipto de modo que el ángel de la muerte pasara sobre ellos, ahora el hisopo está saturado de vino agrio y es sostenido en los labios resecos y agrietados de tu Cordero de Pascua para que la muerte, la desesperación y la destrucción, pasen sobre ti para siempre.

El vinagre amargo del hisopo le humedece los labios. Su cuerpo se contorsiona, todas estas corrientes abrasadoras de dolor convulsionan los músculos acalambrados. Los hombros, las muñecas y los codos se dislocan un poco más con el peso de su cuerpo dolorido. La profecía del salmista en el Salmo 22 se cumple. Ahí está el corazón roto del Dios colgado, del Dios crucificado:

Como agua he sido derramado;
dislocados están todos mis huesos.
Mi corazón se ha vuelto como cera
y se derrite en mis entrañas.
Se ha secado mi vigor como la arcilla;
la lengua se me pega al paladar.
Me has hundido en el polvo de la muerte.

Como perros me han rodeado;
me ha cercado una banda de malvados;
me han traspasado las manos y los pies.
Puedo contar todos mis huesos;
con satisfacción perversa la gente se detiene a mirarme.
Se repartieron entre ellos mi manto
y sobre mi ropa echaron suertes.

SALMO 22:14-18

Tu Dios se agita, expuesto y desnudo, para cubrirte cada vez que fallas, cada vez que eres vergonzosamente expuesta.

«Al que no conoció pecado, por nosotros lo hizo pecado, para que nosotros fuésemos hechos justicia de Dios en él» (2 Corintios 5:21, RVR60). Este es el evangelio: «Vengan y vean las victorias de la cruz. [...] Las llagas de Cristo son tu curación; sus agonías, tu reposo; sus conflictos, tus conquistas; sus gemidos, tus canciones; sus dolores, tu alivio; su vergüenza, tu gloria; su muerte, tu vida; su sufrimiento, tu salvación»[1].

Su presión arterial se desploma. Con cada impulso hacia arriba y cada jadeo para respirar, los dos nervios medianos aplastados en sus muñecas detonan un dolor que corre como lava a través de sus venas. Jesús aúlla con toda la humanidad. Su grito resuena en las paredes de cada corazón herido: «Dios mío, Dios mío, ¿por qué me has abandonado?» (Mateo 27:46).

A fin de poder salvarte a ti, Jesús no se salva a sí mismo.

Jesús es abandonado en todos los sentidos para que nunca seas abandonada por el único que es el Camino, la Verdad, la Vida.

Con los brazos completamente extendidos en esa cruz, Jesús, quien es nada menos que completamente Dios, demuestra la pasión que Dios siente por ti. La pasión de Cristo demuestra que Dios *siempre* sintió pasión por ti. «No debemos [...] hablar de que Dios castiga a Jesús, o de Jesús persuadiendo a Dios, porque hacerlo es ponerlos uno frente al otro como si actuaran independientemente el uno del otro o, incluso, estuvieran en conflicto entre sí —escribe el estimado teólogo John Stott—. Todo lo que sucedió en la cruz en términos de "abandono de Dios" fue aceptado voluntariamente por ambos en el mismo amor santo. [...] El amor divino triunfó sobre la ira divina por medio del sacrificio divino de sí mismo»[2].

Mírale detenidamente el costado, el rostro, los brazos abiertos de par en par para ti y siente la realidad de lo que sucede en la cruz.

La expiación que ocurre en la cruz ocurre porque Dios dio a Dios para satisfacer a Dios: para satisfacer cada uno de tus anhelos en el único Amor que te amó hasta la muerte y la resurrección a la vida más plena porque él mismo es Vida.

El amor apasionado de Dios no está satisfecho hasta que Dios es uno contigo.

Lucha a través de un dolor hirviente con cada nueva respiración a causa de la hipoxia (muy poco oxígeno) y de la hipercapnia (demasiado dióxido de carbono). El corazón le late a un ritmo furioso. El pulso se le dispara a más de doscientos latidos por minuto. Los pulmones sucumben a un edema pulmonar. El plasma y la sangre presionan como una prensa alrededor del corazón descontrolado. El corazón de Dios late fuera de control, con un amor incontrolable por ti.

Ahora, todo el universo resuena con su grito de amor: *Tetelestai.* «¡Consumado es!» (LBLA). ¡Todo se ha cumplido! Este no es el lamento de los heridos; este es el fuerte grito de victoria del amante.

Cada uno de tus pecados está cubierto.

El enemigo de tu alma, el diablo mismo, está acabado, derrotado.

El amor de Dios por ti es totalmente completo.

No hay nada que puedas hacer, nada que necesites hacer, nada que puedas hacer para completar este amor. Todo está logrado, terminado, hecho, completo. Toda profecía acerca de la venida del Mesías se ha cumplido. Todo el poder del pecado ha terminado. Todo lo que se necesita se ha logrado. Jesús lo dijo en la cruz: «Consumado es», porque eres completamente amada (RVR60).

Su grito de consumación en la cruz es el grito de un amor cumplido, a fin de que puedas experimentar una vida plena. Debido a que cada una de tus fallas fue pagada en su totalidad, al fin estás completa.

Ahora, las paredes de sus arterias debilitadas por la flagelación, por caer bajo el duro peso de la cruz, por la tortura y el trauma inhumanos, comprimen el corazón de Dios entre el esternón y la columna vertebral. Ahora, la disminución del oxígeno en sus pulmones marchita sin piedad los tejidos de su corazón. Ahora, es catastrófico el trueno del corazón de Cristo.

Ahora, en los últimos segundos, el dolor estalla. Aun así, la Palabra habla una vez más, porque las últimas palabras de Jesús no son «Consumado es» (RVR60). La Palabra todavía tiene siete últimas palabras que presionan su corazón. Con su última oleada de fuerza terrenal afirma los talones de sus pies traspasados y destrozados contra los clavos de hierro, asesta un golpe demoledor a la cabeza de Satanás y, luego, el Dios conquistador usa su último aliento ardiente para regalarnos estas palabras dignas de ser vividas toda la vida: «¡Padre, en tus manos encomiendo mi espíritu!».

Su pulso explota. Las arterias se convulsionan llegando al clímax. El corazón de Jesús se rompe.

El corazón inconmensurable de Dios estalla de amor infinito.

La profecía se cumple literalmente: «Los insultos me han destrozado el corazón» (Salmo 69:20).

Cristo muere con el corazón roto para que puedas vivir plenamente con uno entero.

Jesús sacrifica su propio corazón quebrantado y contrito para sanar *tu corazón quebrantado y necesitado.*

Jesús lleva el dolor aplastante, la angustia y los pecados del mundo entero en su propio corazón (Juan 1:29), el cual, absorbiendo hasta la última gota de todo, explota al final de amor, de amor *por ti.*

La cabeza de Cristo cae. «Cristo, nuestro cordero pascual, ya ha sido sacrificado» (1 Corintios 5:7). Los huesos de los crucificados solían ser destrozados y quebrados, así quedaban violentamente incapacitados para tratar de empujarse hacia arriba en busca de aire y, como resultado, gorgoteaban y se asfixiaban más rápido. Pero, tal y como se decretó, el cordero perfecto de la Pascua en Egipto no tendría ni un hueso de su cuerpo quebrantado (Números 9:12). Tu propio Cordero de sacrificio, Jesús, no tiene un solo hueso roto en su cuerpo, *para sanar tu alma a la perfección.*

Humillado y rendido, Jesús entrega su espíritu a Dios.

Con su último aliento antes de la muerte, Jesús susurra que el mejor lugar para toda la vida está en las manos de Dios.

Todo está bien cuando permaneces en Dios con humildad.

Las manos que fueron al calvario, las manos que tomaron los clavos y soportaron un universo de dolor para rescatarte, son las manos más seguras del mundo. A ellas puedes confiarles todo tu universo.

En tus manos traspasadas, Señor, confiamos esta esperanza suplicante.

En tus manos clavadas, Señor, encomendamos esta relación magullada y tierna.

En tus manos sanadoras, Señor, confiamos esta situación imposible, este sueño, este hijo, este sufrimiento, este camino sin salida.

Solo la vida vivida en el amor de sus manos marcadas puede sanarte. Solo las manos de Dios llenas de cicatrices pueden mantener tu alma a salvo para siempre.

Después de sus últimas palabras en esa cruz, después de haber exhalado su último aliento, después de que todo estuviera terminado, completo y entregado a Dios, la punta afilada de una lanza corta la suave piel de Cristo y «al instante brotó sangre y agua».

Esto sucedió.

En la cavidad pleural entre el pulmón y la caja torácica, la sangre de Cristo se acumuló y se separó: los glóbulos rojos más pesados se asentaron y el plasma acuoso se elevó. Este momento tuvo un testigo real que aseguró ver con sus propios ojos cómo la sangre y el agua brotaban a borbotones por el costado del Dios crucificado. Esto tenía que suceder porque «sin derramamiento de sangre no hay perdón» (Hebreos 9:22). Esto sucedió porque no hay ninguna de nosotras cuya vida no necesite ser redimida: esto es lo que la sangre representa. Y, luego, renacida a la vida verdadera: lo cual se representa mediante el agua. Este es el momento que no solo satisface a Dios, sino que satisface todos los anhelos de los cuales estuviste sedienta.

Jesús «derramó su vida hasta la muerte» para que pudieras ser llena de la vida plena que solo se experimenta en la Vida misma (Isaías 53:12, RVR60). La palabra para *alma* en hebreo, *nefesh*, es la misma palabra que a menudo se traduce como «vida». Jesús derrama su alma por ti, la sangre y el agua fluyen de su costado, y libera su vida *para liberarte a ti a la vida*.

Aquí, su agua de muerte es tu misma agua de vida.

Aquí, esta agua limpia tus heridas más profundas y los pecados que te manchan.

Aquí, hoy, en este mismo momento, estás cumpliendo la profecía de Zacarías. Siente cómo las sagradas y antiguas palabras se agitan dentro de ti: «Derramaré el Espíritu de gracia [...]. Entonces me mirarán a mí, a quien traspasaron, y harán lamentación con duelo [...]. Llorarán amargamente, como quien llora por su primogénito» (Zacarías 12:10).

Aquí, en la cruz, tu corazón está completamente roto y completamente sano.

Aquí, en la cruz, ves lo que le hiciste a él, *y lo que él hizo por ti*.

Aquí, tu corazón se abre de par en par: «Por la cruz, conozco la gravedad de mi pecado hacia Dios, y la grandeza del amor de Dios hacia mí»[3].

Aquí, en la cruz, la horrible angustia *causada por nosotras* se convierte, a través del corazón perfecto del crucificado, en la sanidad del corazón *hecha para nosotras*.

Como escribió el poeta John Donne: «Toda su vida fue una pasión continua». *Por ti*[4].

Toda la historia y la profecía, y cada palabra de las Escrituras, se cumple: «Cristo nos amó y se entregó por nosotros como ofrenda y sacrificio fragante para Dios» (Efesios 5:2).

Aquí es donde encuentras a tu Dios, no pesando tu vida en una balanza, sino en una cruz con los brazos ampliamente extendidos para abrazarte y salvarte.

Solo un encuentro personal con la cruz y con la persona de Cristo puede transformar por completo el corazón de la persona que eres.

Tu peregrinación de vida te llevó a este momento.

Míralo.

«¡Aquí tienen al Cordero de Dios, que quita el pecado del mundo!» (Juan 1:29).

Mira al único Amor que te toma completamente. El único que te ama hasta la muerte y te da su vida completa y perfecta.

NOTAS PARA MI ALMA TRAS ESTA PEREGRINACIÓN AL CORAZÓN DE JESÚS:

A FIN DE PODER

SALVARTE A TI,

JESÚS NO SE SALVA

A SÍ MISMO.

SÁBADO DE SALVACIÓN

Después de esto, José de Arimatea pidió a Pilato el cuerpo de Jesús. José era discípulo de Jesús, aunque en secreto por miedo a los judíos. Él fue y retiró el cuerpo con el permiso de Pilato. También Nicodemo, el que antes había visitado a Jesús de noche, llegó con unos treinta y tres kilogramos de una mezcla de mirra y áloe. Ambos tomaron el cuerpo de Jesús y, conforme a la costumbre judía de dar sepultura, lo envolvieron en vendas con las especias aromáticas. En el lugar donde crucificaron a Jesús había un huerto y en el huerto, un sepulcro nuevo en el que todavía no se había sepultado a nadie. Como era el día judío de la preparación para el sábado y el sepulcro estaba cerca, pusieron allí a Jesús.

JUAN 19:38-42

Día *39: «Pusieron allí a Jesús». Juan 19:42*

CONOCISTE DÍAS DE esperanzas destrozadas y truncadas.

Sabes cómo se siente tambalearse y tropezar en esos días en que te preguntas: «¿Y ahora qué?».

Te sientes tan destrozada y engañada por el giro que tomó la historia que simplemente estás paralizada.

La tumba es oscura como la boca de un lobo.

El silencio es profundo. Inmóvil.

Bajo el sudario, Dios está sin vida, pegajoso y frío.

El estómago de los discípulos se revuelve y se anuda, asqueado.

Aquel que dijo que es el Camino, la Verdad, la Vida, está muerto.

Habían colgado hasta la última gota de esperanza en el hombre que fue colgado en una cruz. Ahora, es un cadáver en descomposición en una tumba húmeda.

El sepulcro devoró toda esperanza. El corazón de los discípulos está desamparado, roto, vacío y lleno de un dolor desconcertante y confuso.

¿Dónde está Dios ahora? ¿Dónde están ahora todas sus promesas? ¿Dónde está ahora la bondad de Dios?

¿Quién no alberga el dolor de un sepulcro de esperanzas muertas en algún lugar de su historia?

Tienes que creer que cuando parece que Dios está muerto para ti, Dios está obrando a tu alrededor.

Es posible que sientas el dolor de vivir en el largo y oscuro sábado, entre el Viernes Santo y el Domingo de Resurrección. La espera se torna insoportable. Pero la realidad es esta:

Cuando estás esperando en silencio, Dios está obrando seriamente.

Cuando sientes la nada de Dios, nada podría ser más falso.

Donde sientes el silencio, la presencia de Dios está reelaborando en silencio todo el mundo.

Este no es un sábado de reposo tranquilo. Este es *un sábado de rescate.*

Este no es un sábado tranquilo y silencioso. Este es *el sábado de salvación.*

Este no es un sábado adormecido y somnoliento. Este es *el sábado de liberación.*

Puedes dejar que todo se detenga ahora.

Puedes dejar que todas tus dolorosas preguntas, dudas y decepciones se sienten junto a las posibilidades de los milagros santos.

Algo sagrado y sobrenatural se está moviendo.

Puedes confiar que cada nueva vida siempre nació de los lugares más oscuros.

Cuando piensas que Jesús está dolorosamente inactivo, es exactamente cuando adrede está inundando las puertas del infierno por ti.

Cuando Jesús mira hacia el ladrón en la cruz y le dice: «Hoy estarás conmigo en el paraíso», puedes vislumbrar lo que Jesús está haciendo *por ti* entre su muerte y su resurrección: el Dios trino le da la bienvenida al ladrón al paraíso ese mismo día y ataca las puertas del Hades en nombre de ese ladrón... y *en tu nombre* (Lucas 23:43).

En esas largas horas del sábado, entre el Viernes Santo y el Domingo de Resurrección, Jesús no sigue el camino de toda la humanidad. Jesús es el ser humano único que va a las puertas del Hades para destruir el mal y convertirse en el Camino mismo para que toda la humanidad salga de la oscuridad.

Esas puertas de la muerte que se abrieron y devoraron a todas las demás almas que alguna vez vivieron, ahora están abiertas por Aquel que es él mismo la Puerta, Aquel que da su vida por ti. Él derriba esas puertas de muerte porque nada impedirá que el Cordero de Dios reúna a todas las ovejas de su redil, *a ti*, en sus brazos por toda la eternidad. «Como bien saben, ustedes fueron rescatados de la vida absurda que heredaron de sus antepasados. El precio de su rescate no se pagó con cosas perecederas, como el oro o la plata, sino con la preciosa sangre de Cristo, como de un cordero sin mancha y sin defecto» (1 Pedro 1:18-19).

Aquel que extendió sus brazos en esa cruz con tu nombre grabado en las palmas de las manos es quien, el Sábado de Salvación, desarmó a la muerte misma y derribó las puertas del Hades para abrazar a todos los muertos que lo amaban, a todos aquellos que murieron bajo el pacto del Antiguo Testamento, antes del sacrificio de Cristo en la cruz. Mientras el cuerpo de Jesús yacía en la tumba, el amor de Jesús reunía consigo mismo a todos aquellos que descansaban en el Hades y en el seno de Abraham (Lucas 16:22).

El «sábado de silencio» es cualquier cosa menos silencioso, porque la Palabra habla acerca de que Jesús descendió y predicó a las almas en el Hades: «Y de ese modo fue y predicó a los espíritus encarcelados, que en los tiempos antiguos, en los días de Noé, desobedecieron» (1 Pedro 3:19-20). Mientras el Buen Pastor va en busca de sus ovejas perdidas, Jesús crucificado y sepultado descendió a las profundidades. El sepultado fue a los confines del mundo por amor a los cautivos para tomar las manos de los muertos en el Hades y de todos los muertos vivientes aquí y susurrar: «Despiértate, tú que duermes, levántate de entre los muertos, y te alumbrará Cristo» (Efesios 5:14).

Jesús rompió el aparente silencio del sábado. En la quietud de tu alma, mientras permaneces en él y lo contemplas, ¿escuchas la verdad de su amor por ti?

Por amor a ti, tu primer Amor descendió al Hades para sacar del abismo a todos aquellos que lo aman. Porque no fuiste hecha para estar en ninguna esclavitud infernal, sino para estar atada a él.

Tu primer Amor descendió debajo de la tierra, debajo de cada una de tus vergüenzas y fracasos y ruinas para elevarte por encima de tu pesadilla, para elevarte por encima de todo lo que te arrastra hacia abajo, para elevarte a las alturas del cielo para que pudieras compartir eternamente la comunión divina con él.

Tu primer Amor se convirtió en Aquel a quien nadie ayudó para convertirse para siempre en tu ayuda segura, para convertirse en la ayuda de los indefensos, para ser la fuente de donde viene toda tu verdadera ayuda. Así que ven a él.

Tu primer Amor lloró lacerantes gotas de sangre en un jardín. Luego, fue crucificado en vergüenza y enterrado en una tumba en otro jardín para reconquistarte a ti, quien una vez, en el primer jardín, escuchó mentiras y se apartó de su amor. Tu primer Amor clavó su amor eterno por ti en la cruz del calvario para darte infinitamente más que cualquier cosa que hayas ambicionado del árbol del Edén.

Ahora mismo, tu primer Amor está restaurando tu alma a algo más que cualquier paraíso terrenal: te está restaurando al *gran paraíso de su corazón*. No hay ojo ni oído ni mente en ninguna parte que pueda siquiera atreverse a imaginar el gozo que él está preparando para ti que lo amas y lo quieres por toda la eternidad.

No hay nada silencioso en el día de hoy.

¿Quién se atreve a suponer lo que significa exactamente esto que Jesús dijo: «Porque así como Jonás estuvo tres días y tres noches en el vientre de un enorme pez, también tres días y tres noches estará el Hijo del hombre en el corazón de la tierra» (Mateo 12:40)? Tienes que saber, sin embargo, sin duda alguna, que lo hizo para cortejar y ganar tu corazón para su corazón y que no hubo nada silencioso al respecto. Porque así como Jonás ofreció sacrificios con «cantos de alabanza», Jesús descendió con un canto de amor al Dios trino en sus labios, el cual sacudió los cimientos mismos del infierno, por amor a ti (Jonás 2:9, NTV).

El sábado de salvación, el cual es cualquier cosa menos silencioso, te dice que no tienes nada que temer ni en la oscuridad ni en la quietud ni en la espera ni en las preguntas ni incluso en el dolor más desorientador. En este mundo pueden suceder cosas terribles. Pero Dios hace cosas milagrosas en las tumbas.

Henri Nouwen dijo: «Si el Dios que nos reveló la vida, y cuyo único deseo es traernos a la vida, nos amó tanto que quiso experimentar con nosotros el absurdo total de la muerte, sí debe haber esperanza; tiene que haber algo más que la muerte; debe haber una promesa que no se cumple durante nuestra corta existencia en este mundo»[1].

En los días en que todo se siente demasiado, es exactamente cuando Dios está haciendo mucho más de lo que podrías imaginar.

Los días en los que sientes que Dios está en silencio son exactamente los días en los que Dios está matando silenciosamente al mal para, finalmente, ganar tu libertad y llevarte a la vida más plena.

NOTAS PARA MI ALMA TRAS ESTA PEREGRINACIÓN AL CORAZÓN DE JESÚS:

EL MOMENTO EN QUE TODO CAMBIA

El primer día de la semana, muy de mañana, cuando todavía estaba oscuro, María Magdalena fue al sepulcro y vio que habían removido la piedra que cubría la entrada. Así que fue corriendo a ver a Simón Pedro y al otro discípulo, a quien Jesús amaba, y les dijo:

—¡Se han llevado del sepulcro al Señor y no sabemos dónde lo han puesto! [...] pero María se quedó afuera llorando junto al sepulcro. Mientras lloraba, se inclinó para mirar dentro del sepulcro y vio a dos ángeles vestidos de blanco, sentados donde había estado el cuerpo de Jesús, uno a la cabecera y otro a los pies.

—¿Por qué lloras, mujer? —le preguntaron los ángeles.

—Es que se han llevado a mi Señor y no sé dónde lo han puesto —les respondió.

Apenas dijo esto, volvió la mirada y allí vio a Jesús de pie, aunque no sabía que era él. Jesús dijo:

—¿Por qué lloras, mujer? ¿A quién buscas?

Ella, pensando que se trataba del que cuidaba el huerto, le dijo:

—Señor, si usted se lo ha llevado, dígame dónde lo ha puesto y yo iré por él.

—María —dijo Jesús.

Ella se volvió y exclamó:

Día *40: «¡He visto al Señor!». Juan 20:18*

—¡Raboni! (que en hebreo significa «Maestro»).

Jesús le dijo:

—No me detengas, porque todavía no he vuelto al Padre. Ve más bien a mis hermanos y diles: "Vuelvo a mi Padre, que es Padre de ustedes; a mi Dios, que es Dios de ustedes".

María Magdalena fue a dar la noticia a los discípulos. «¡He visto al Señor!», exclamaba, y les contaba lo que él le había dicho.

JUAN 20:1-2, 11-18

AQUÍ Y AHORA. Tu historia pasada se cierra con la cruz. Tu nueva historia se abre con la piedra rodada y la resurrección.

Este es tu nuevo comienzo.

Esta es tu recreación y la recreación del mundo entero. El movimiento de esa piedra el Domingo de Resurrección inició un movimiento de resurrección que ahora se está moviendo a través de ti y de todo el universo.

No hay nada más grande que esto. Primero, una célula en descomposición envía señales eléctricas, luego, una válvula cardíaca se estremece en la oscuridad total de la tumba. El Dios muerto tiene pulso. El universo tiembla de esperanza.

Mientras un escarabajo escarba en la oscuridad, la piedra angular del cristianismo se está levantando, la cavidad cóncava del pecho de Dios se estremece de frío. La muerte aplastada se infla con su aliento caliente, los átomos del segundo Adán son recreados, resucitados y comienzan a transformar todo el cosmos. En las sombras de esa tumba húmeda, la cámara del corazón de Dios comienza a latir en su pecho como si estuviera golpeando la puerta de tu propia tumba.

Porque él sabía que solo si dejas entrar un amor eterno como el suyo, puedes conocer el camino hacia la Vida.

Las manos destrozadas por las cicatrices se toman un tiempo para doblar las ropas mortuorias con lentitud y cuidado, como si estuviera vendando tiernamente tus propias heridas, envolviendo esos lugares que están en carne viva, para que siempre se despliegue en ti una nueva esperanza.

Sucedió; todo esto sucedió.

Porque la sangre comenzó a bombear una revolución de esperanza por las venas de Dios, porque esa piedra hizo una revolución frente a la tumba de Dios. Comienza la revolución de todo el universo, y cambia todo para ti. El Amor que pasó a través de la muerte y salió de la tumba, ahora te lleva a una forma completamente nueva de ser en el mundo.

La resurrección es más que un espectáculo sobrenatural, más que un presagio del cielo; la resurrección es la revolución del cosmos, del reino de Dios y de toda tu vida.

Esto no es una metáfora. Este es un milagro materializado.

La Palabra hecha carne fue resucitada corporalmente en la carne. Esto es *anástasis*, esto es resurrección: los muertos corporales se vuelven corporalmente vivos. Este es el eje del cristianismo, el punto crucial del cristianismo, el centro mismo de la Buena Noticia de esperanza: los muertos no permanecieron muertos, el corazón en descomposición no se descompuso, el deterioro no se desintegró. Nosotras tampoco tenemos que permanecer muertas ni un minuto más.

Más allá de toda sombra de duda, es un hecho histórico verificable que lo que sea que las mujeres, las primeras predicadoras de la resurrección, experimentaron y lo que sea que todos los demás seguidores de Jesús experimentaron ese domingo por la mañana y los días posteriores fue nada menos que vida, transformación y reorientación de la vida; al punto que estuvieron dispuestos a arriesgar su propia vida para proclamarlo y vivir plenamente en el milagro de la resurrección. «El evangelio es el anuncio real de que Jesús crucificado y resucitado, quien murió por nuestros pecados y resucitó según las Escrituras, ha sido entronizado como el verdadero Señor del mundo»[1]. La piedra se hizo a un lado y un Hombre divino que estaba muerto salió. Todo el mundo se vuelve diferente porque nadie puede caminar igual, respirar de la misma forma, amar y vivir de la misma manera después de una realidad así.

El sol gira de manera diferente ahora. El mundo gira de manera diferente. La tierra que contiene las tumbas gira de manera diferente. Tu corazón mismo late de manera diferente ahora.

Debido a que Jesús resucitó y volteó esa lápida, cada una de las crisis de tu alma terminó para siempre. Ahora Jesucristo es Rey y Señor para siempre de tu vida, tus días y tus momentos.

La realidad es que todo esto sucedió en realidad, puesto que, si Jesús no hubiera salido de esa tumba, su nombre nunca se hubiera vuelto a mencionar. Si Jesús no hubiera resucitado de entre los muertos, su nombre nunca hubiera pasado a la historia. El cristianismo surgió en el mundo solo porque Jesucristo literalmente se levantó de la tumba. La única razón por la que oíste hablar de Jesús es porque las mujeres se pararon fuera de la tumba y escucharon estas palabras: «¿Por qué buscan ustedes entre los muertos al que vive? No está aquí; ¡ha resucitado!» (Lucas 24:5-6). Lo que elevó al cristianismo a la cima de la historia es que Jesús fue *resucitado corporalmente, literalmente, de entre los muertos*. Su resurrección es la última señal y la señal más segura de que él es exactamente quien dice ser: el Camino, la Verdad, la Vida.

Juan escribió acerca de las primeras seis señales para probar de manera contundente que la historia de amor divino de Dios con piel, quien vino a resucitarte a la vida en su amor, es verdad:

- La revolución de amor que convirtió el agua en vino en Caná (Juan 2:1-11)
- La revolución de amor que sanó al hijo del funcionario (Juan 4:46-54)
- La revolución de amor que restauró al hombre que siempre estuvo detrás de todos en el estanque de Betzatá (Juan 5:2-9)
- La revolución de amor que multiplicó cinco panes pequeños (Juan 6:1-14)
- La revolución de amor que untó lodo sanador en los ojos del ciego de nacimiento (Juan 9:1-7)
- La revolución de amor que resucitó a Lázaro, quien estaba en estado de descomposición (Juan 11:1-44)
- La revolución suprema de amor de la pasión de Dios cuando su amor se derramó a la enésima potencia en la cruz (Juan 19:1-37)

Todas estas señales condujeron a la séptima y última señal del Amor divino, quien se acercó apasionadamente con un amor absolutamente fuera de este mundo: la resurrección. El Amor perfecto que conquistó a la muerte para ganar la comunión con nosotras para siempre.

Debido a que las señales de la divinidad sobrenatural de Cristo son innegables y debido a que solo él resucitó de entre los muertos para matar a la muerte es increíblemente lógico hacerlo Señor de tu vida. Si seguiste toda su historia, viste las señales, viste su sacrificio en la cruz, viste la piedra removida de la tumba, es lógico que no hagas nada menos que seguirlo con toda tu vida.

El movimiento de la verdadera fe es siempre un movimiento de resurrección en el corazón[2]. Creer en la resurrección es creer que hay una nueva manera de estar viva. Este Amor vino para amarte para la vida verdadera, para que vivas una vida de amor sobrenatural.

A pesar de que estas son las siete señales divinas que pueden hacerte creer en el amor apasionado de Dios, quien te ama para que tengas una nueva forma de ser, es fácil ser una María. Aunque era una amante apasionada de Dios, María se perdió todas las señales claras. Pasó por alto lo que podría significar la tumba sorprendentemente vacía y lo que podría significar el sudario de Dios doblado. Paso por alto lo que podrían significar los dos ángeles de blanco radiante. Y, confundiéndolo con el jardinero, se perdió por completo el hecho de que Jesús, quien había resucitado, estaba vivo y respiraba, estaba *parado justo frente a ella*.

María creía en el *mensaje general* de Jesús, pero aun así se perdió por completo el mensaje *profundamente personal* de Jesús. Incluso con toda esta evidencia innegable ante sus ojos, que el amor de Jesús por ella se negaba a morir, que su amor por ella se levantó ferozmente, milagrosamente, desafiantemente, María seguía mirando a su alrededor en busca de un cuerpo muerto, del hedor de un amor muerto y en descomposición. Todo lo que María podía ver era una pérdida catastrófica, a pesar de que estaba parada justo en el centro de un amor apasionado de proporciones cósmicas; ¡que la convertiría en una nueva creación!

Aunque María estaba vencida, destrozada por el dolor, ciega a todas las señales de amor eterno, en ese mismo momento, Dios la estaba restaurando y estaba reescribiendo su historia. Dios siempre está actuando para cambiar todo en el mundo con su amor revolucionario.

Es posible que te sientas abandonada, incluso, justo en el lugar mismo donde en realidad estás siendo amada hasta la muerte, resucitada, restaurada y reinventada en una historia completamente nueva.

Donde más sientes la ausencia de Dios puede ser exactamente donde la presencia de Dios está cambiando todo dentro de ti.

Donde solo ves al jardinero con mugre debajo de las uñas, removiendo cada pedazo de tierra, en realidad, puede estar Dios, con tu nombre escrito en las palmas de las manos, sanando toda angustia.

Esto es real ahora: donde solo ves escombros, Dios está obrando la resurrección.

La resurrección es una tumba vacía que contiene todas las esperanzas que hemos conocido.

Porque «Si Cristo no ha resucitado, la fe de ustedes es ilusoria y todavía están en sus pecados. [...] Si la esperanza que tenemos en Cristo fuera solo para esta vida, seríamos los más desdichados de todos los mortales. Lo cierto es que Cristo ha sido levantado de entre los muertos, como primicias de los que murieron» (1 Corintios 15:17, 19-20). O como dice *The Message* (El Mensaje): Cristo es «el primero de un largo legado de aquellos que van a dejar los cementerios».

La resurrección de Cristo y la tumba vacía son la esperanza segura que levanta el peso de cada cruz que tuviste que cargar. María aún no lo sabía cuando fue la única que fue al sepulcro a la tercera mañana. Ninguno de los otros discípulos ni siquiera se molestó en ir a mirar. Solo María estaba dispuesta a enfrentarse a los violentos ladrones de tumbas con tal de tocar el rostro de su Señor. La clase de amor de María neutralizó toda clase de temores.

«Ella, pensando que se trataba del que cuidaba el huerto, le dijo: "Señor, si usted se lo ha llevado, dígame dónde lo ha puesto y yo iré por él"».

A pesar de que se había perdido mucho, todavía estaba llena de fe. Estaba tan conmovida, tan llena de devoción a Dios, que ni siquiera había considerado que si hubiera sabido dónde estaba su cuerpo, ¿en realidad estaba llena de la fuerza suficiente para mover el cuerpo muerto de Dios? María no pensó en lo que le costaría cargar con un cadáver, todo lo que ella quería era a Dios.

El amor a Dios no conoce cargas.

Cuando amas a Aquel que cargó tu cruz para llevarte a la eternidad, todas tus cargas se vuelven más ligeras.

Cuando tu corazón está cargado del Amor, todo lo que se hace con amor deja de sentirse pesado.

Cuando deseas a Jesús, deseas todo lo que en realidad hay que desear.

Aunque María no veía por completo dónde estaba Dios, estaba desesperada por él. Fue solo cuando Jesús dijo claramente su nombre que ella pudo ver con claridad. Vale la pena resaltar que Jesús no pronunció su propio nombre; más bien, pronunció el nombre de ella.

Jesús revela quién es él al revelar que él sabe quién eres tú.

Cuando te encuentras cara a cara con el Jesús resucitado que desafía a la muerte en la mañana de la resurrección, ¿crees que es tu propio nombre el que se anuncia en el evento cósmico de la resurrección?

Tu nombre cruza los labios de Aquel cuyos labios clamaron en la cruz.

Dios te ve, Dios te conoce, te mira a los ojos y dice tu nombre porque eres parte de esta historia de resurrección. Eres revolucionada, eres asombrada, eres hecha de nuevo *y eres encontrada*. Aquí lo reconoces. Aquí lo ves. Aquí descubres tu verdadero ser también. Tu nombre jamás estuvo más cargado de conocimiento sobrenatural y de amor de otro mundo.

Esto es lo que testificó María, la primera testigo y evangelista: «He visto al Señor». María, Juan y muchos otros fueron testigos de lo que vieron con sus propios ojos; testigos del paso del verdadero Dios por este mismo suelo. Juan siempre sostuvo que esta era la esencia de cada palabra que escribió: «Lo que ha sido desde el principio, lo que hemos oído, lo que hemos visto con nuestros propios ojos, lo que hemos contemplado, lo que hemos tocado con las manos, esto les anunciamos respecto al Verbo que da vida. Esta vida se manifestó. Nosotros la hemos visto, damos testimonio de ella y les anunciamos a ustedes la vida eterna que estaba con el Padre y que se nos ha manifestado» (1 Juan 1:1-2).

Ahora que lo viste con tus propios ojos, ¿hay algo en tu pasado que podría impedirte hablar de Jesús? Aunque a María se le echaron fuera siete demonios, eso no le quitó el gozo de ser la primera evangelista enviada por el Salvador resucitado; así que, ¿qué te impide correr a contarle al mundo, con todo tu ser, que Jesús es digno porque ayer estabas muerta y *ahora estás viva*?

Ahora que lo vimos, seamos como él (1 Juan 3:2). Ver al Cristo resucitado es ser resucitada para ser como él.

Estar plenamente viva es vivir plenamente como él vive.

Jesús no fue a la cruz para que siguiéramos siendo lo que somos. Jesús viene a la cruz para *que podamos llegar a ser como él*. Ya no perteneces a la desesperación, a la enfermedad, al fracaso, a la muerte; ya no perteneces al yo ni a la desesperanza ni a la injusticia ni a ninguna historia oscura. Ya no eres el adormecimiento andante, sino que puedes *vivir la resurrección* enterrando todas las mentiras que te dicen que tienes que hacer las cosas lo suficientemente bien para ser amada; la estafa que te engaña diciéndote que tienes que esforzarte para valer algo; la vergüenza de que nunca pertenecerás a los brazos abiertos de Dios.

Perteneces a Jesús *para llegar a ser como Jesús*. Perteneces al Amor *para ser amor*. Perteneces a la Esperanza *para ser esperanza*. Tú, tu vida entera, pertenece a las manos que colocaron las estrellas. Las manos que tienen tu nombre grabado para siempre en las palmas. Y porque Cristo resucita con sus cicatrices, con tu nombre escrito directamente en sus cicatrices, la resurrección de Cristo es *tu* resurrección.

Debido a que Cristo resucita con las marcas de las cicatrices de su sufrimiento, en especial a nosotras que estamos marcadas y sufrimos, nos toca ser el pueblo resucitado que se eleva a la vida más plena, que vive resurrecciones todos los días, que se levanta y corre alimentadas por el fuego y la pasión de Dios.

Debido a que Cristo salió de esa tumba, ahora hay una manera de salir de cada una de tus tumbas y de todo lugar sin esperanza, hacia una nueva forma de ser como persona.

Aquí y ahora también puedes identificarte con Lázaro.

Lo que te estaba matando ahora está muerto para ti.

Lo que te estaba asfixiando y estrangulando ya no puede hacerte más daño.

Tienes que doblar todo lo que mantuviste oculto y salir.

Tienes que dejar tus esqueletos e irte.

Si la tumba no estuviera vacía, tu esperanza lo estaría.

Si la tumba no estuviera vacía, tu corazón lo estaría.

Si la tumba no estuviera vacía, tú lo estarías.

Pero debido a que la tumba está vacía, tu vida no lo está.

Debido a que la tumba ahora está vacía, tu vida y tu alma están llenas para siempre.

Gracias a la resurrección, ya no somos personas de esta tierra, ya no somos personas de la muerte ni somos moribundas, ya no somos personas de este reino; ahora somos el pueblo que se levanta, somos personas del reino verdadero, somos personas en peregrinación con su presencia, somos personas de vida de resurrección; ¡viviendo en la misma vida de Cristo mismo!

En el principio era la Palabra, y la Palabra era el amor. El único Amor que te amó hasta la muerte y la resurrección a la vida verdadera y resucitada, que se encuentra solo en Aquel que es Vida, y la vida más abundante.

Ahora, comienza la peregrinación para disfrutar de una nueva vida junto a él para siempre.

NOTAS PARA MI ALMA TRAS ESTA PEREGRINACIÓN AL CORAZÓN DE JESÚS:

DEBIDO A QUE
LA TUMBA ESTÁ VACÍA,
TU VIDA Y TU ALMA
ESTÁN LLENAS
PARA SIEMPRE.

NOTAS

INTRODUCCIÓN

1. Philip Schaff, «Latin Christianity: Its Founder, Tertullian» [El cristianismo latino: Su fundador, Tertuliano], en *Ante-Nicene Fathers* [Padres antenicenos], eds. Allan Menzies, Christian Classics Ethereal Library (Edimburgo: T&T Clark, 1885), https://ccel.org/ccel/schaff/anf03/anf03.vi.vi.viii.html.

DÍA 5: SEDIENTAS DE DIOS

1. *NLT Study Bible* (Carol Stream, IL: Tyndale House Publishers, 2017), 1772. Publicada en español como *Biblia de estudio NTV.*
2. Jonathan Edwards, «A Divine and Supernatural Light, Immediately Imparted to the Soul by the Spirit of God, Shown to Be Both Scriptural and Rational Doctrine» [Una luz divina y sobrenatural, impartida de inmediato al alma por el Espíritu de Dios, que se muestra como doctrina tanto bíblica como racional], Monergism.com, https://www.monergism.com/thethreshold/articles/onsite/edwards_light.html.
3. Belden C. Lane, *Ravished by Beauty: The Surprising Legacy of Reformed Spirituality* [Cautivados por la belleza: El sorprendente legado de la espiritualidad reformada] (Oxford: Oxford University Press, 2011), 69.

DÍA 7: UN ALMA RECIÉN NACIDA

1. Roland H. Bainton, *Here I Stand: A Life of Martin Luther* [Aquí estoy: La vida de Martín Lutero], (Nueva York: Meridian, 2015), 48.
2. Iain Murray, «Jonathan Edwards: The Life, the Man, and the Legacy» [Jonathan Edwards: La vida, el hombre y el legado], *Desiring God*, 11 de octubre del 2003, https://www.desiringgod.org/messages/jonathan-edwards-the-life-the-man-and-the-legacy.
3. Danés Ortlund, «5 Things Jonathan Edwards Teaches Us about the Christian Life» [5 cosas que Jonathan Edwards nos enseña sobre la vida cristiana], *Crossway*, 26 de agosto del 2014, https://www.crossway.org/articles/5-things-jonathan-edwards-teaches-us-about-the-christian-life/.

DÍA 8: ALMA RESECA

1. C. S. Lewis, *Mere Christianity* (Nueva York: HarperOne, 2001), capítulo 10. Publicado en español como *Mero cristianismo.*
2. Barbara Brown Taylor, «Identity Confirmation: John 4:5-42» [Confirmación de identidad: Juan 4:5-42], *The Christian Century*, 12 de febrero del 2008, https://www.christiancentury.org/article/2008-02/identity-confirmation.

DÍA 10: SANAS

1. Charles Haddon Spurgeon, «Jesus at Bethesda; or, Waiting Changed for Believing» [Jesús en Betesda; o El que esperaba fue cambiado por creer], (sermón en el Tabernáculo Metropolitano, Newington, Inglaterra, 7 de abril de 1867), *The Spurgeon Center*, https://www.spurgeon.org/resource-library/sermons/jesus-at-bethesda-or-waiting-changed-for-believing/#flipbook/.
2. Juan Calvino, *Commentary on the Gospel of John according to John* [Comentario del Evangelio de Juan según Juan] traducción Rev. William Pringle, vol. 1 (Grand Rapids, MI: Biblioteca etérea de clásicos cristianos), Juan 5:1-9, https://ccel.org/ccel/calvin/calcom34/calcom34.xi.i.html.

DÍA 11: BUENOS REGALOS

1. Leon Morris, *The Gospel According to John*, vol. 4 [El Evangelio según San Juan, vol. 4], *The New International Commentary on the New Testament* [Nuevo comentario internacional sobre el Nuevo Testamento] (Grand Rapids, MI: Eerdmans, 1971), 342.

DÍA 13: EL PAN DE DIOS

1. Alexander Schmemann, *For the Life of the World: Sacraments and Orthodoxy* [Por la vida del mundo: Sacramentos y ortodoxia] (Nueva York: St. Vladimir's Seminary Press, 1973), 17.

DÍA 14: ¿A QUIÉN IREMOS?

1. *Matthew Henry's Commentary*, John 6:60-71 [Juan 6:60-71], https://www.biblegateway.com/resources/matthew-henry/John.6.60-John.6.71. Publicado en español como *Comentario bíblico de Matthew Henry*.

DÍA 15: NO HAY CONDENACIÓN

1. Leon Morris, *The Gospel According to John*, vol. 4 [El Evangelio según San Juan, vol. 4], *The New International Commentary on the New Testament* [El nuevo comentario internacional sobre el Nuevo Testamento] (Grand Rapids, MI: Eerdmans, 1971).
2. C. S. Lewis, «What Are We to Make of Jesus Christ?» [¿Qué debemos hacer con Jesucristo?], en *God in the Dock: Essays on Theology and Ethics* [Dios en el banquillo de los acusados: Ensayos sobre teología y ética], ed. Walter Hooper (Grand Rapids, MI: Eerdmans, 1970), 169. Énfasis añadido.

DÍA 16: LA LUZ HA RESPLANDECIDO

1. Holly Otterbein, «If the Sun Went Out, How Long Would Life on Earth Survive?» [Si el sol se apagara, ¿cuánto tiempo sobreviviría la vida en la tierra?], *Popular Science*, 20 de octubre del 2008, https://www.popsci.com/node/204957/.
2. Henry Alford, *Greek Text Critical Exegetical Commentary* [Comentario exegético crítico del texto griego], John 8:1[Juan 8:1], https://biblehub.com/commentaries/alford/john/8.htm.
3. Charles Haddon Spurgeon, «The Light of the World» [La luz del mundo], (sermón en el Tabernáculo Metropolitano, Newington, Inglaterra, 12 de noviembre de 1865), *Christian Classics Ethereal Library*, https://ccel.org/ccel/spurgeon/sermons62/sermons62.xlii.html.

DÍA 17: ¿POR QUÉ TÚ?

1. Charles Haddon Spurgeon, «The Spur» [El aguijón], (sermón en el Tabernáculo Metropolitano, Newington, Inglaterra, 31 de julio de 1870), *The Spurgeon Center*, https://www.spurgeon.org/resource-library/sermons/the-spur-2/#flipbook/.

DÍA 18: CONOCIDA

1. Charles Haddon Spurgeon, «Our Own Dear Shepherd» [Nuestro querido pastor], (sermón en el Tabernáculo Metropolitano, Newington, Inglaterra, 26 de noviembre de 1885), *The Spurgeon Center*, https://www.spurgeon.org/resource-library/sermons/our-own-dear-shepherd/#flipbook/.

DÍA 19: UNO

1. David Guzik, «John 10–The Good Shepherd» [Juan 10: El Buen Pastor], *Enduring Word*, https://enduringword.com/bible-commentary/john-10/.
2. John Stott, *The Cross of Christ* (Downers Grove, Illinois: InterVarsity Press, 1986), 159. Publicado en español como *La cruz de Cristo*.
3. John Stott, *The Cross of Christ* (Downers Grove, IL: InterVarsity Press, 1986), capítulo 6. Publicado en español como *La cruz de Cristo*.
4. Eugene H. Peterson, *Eat This Book: A Conversation in the Art of Spiritual Reading* [Cómete este libro: Una conversación en el arte de la lectura espiritual] (Grand Rapids, MI: Eerdmans, 2006), xii.

DÍA 22: PALMAS DE ALABANZA

1. Eli Lizorkin-Eyzenberg, *The Jewish Gospel of John: Discovering Jesus, King of All Israel* [El Evangelio judío de Juan: Descubriendo a Jesús, Rey de todo Israel], (Jewish Studies for Christians, 2019), 190.
2. Josefo, *Of the War* [De la guerra], 6.9.3, 6.9.3, citado en D. A. Carson, *The Gospel According to John* [El Evangelio según San Juan], vol. 4, The Pillar New Testament Commentary [El comentario Pilar del Nuevo Testamento] (Grand Rapids, MI: Eerdmans, 1991), 11, 130.
3. Simon Sebag Montefiore, *Jerusalem: The Biography* [Jerusalén: La Biografía] (Nueva York: Knopf, 2011), 106.
4. «Exodus 12: God Institutes Passover» [Éxodo 12: Dios instituye la Pascua], *Enduring Word*, https://enduringword.com/bible-commentary/exodus-12/.

DÍA 23: DÉJALO IR

1. Charles Haddon Spurgeon, «The Corn of Wheat Dying to Bring Forth Fruit» [El grano de trigo que muere para dar fruto], *Farm Sermons*, archivos Spurgeon, http://www.romans45.org/spurgeon/misc/corn.htm.

DÍA 24: MUJERES DE LA TOALLA

1. F. F. Bruce, *The Gospel of John: Introduction, Exposition, and Notes* [El Evangelio de Juan: Introducción, exposición y notas] (Grand Rapids, MI: Eerdmans, 1983).
2. Leon Morris, *The Gospel According to John* [El Evangelio según San Juan], vol. 4, *The New International Commentary on the New Testament* [Nuevo comentario internacional sobre el Nuevo Testamento] (Grand Rapids, MI: Eerdmans, 1971).

DÍA 25: AMAR LO IMPOSIBLE

1. Charles Haddon Spurgeon, «The New Park Street Pulpit» [El Nuevo Púlpito de Park Street], vol. 1–6 y «The Metropolitan Tabernacle Pulpit» [El púlpito del Tabernáculo Metropolitano], vol. 7–63 (Pasadena, Texas: Pilgrim Publications, 1990).

DÍA 26: EL CAMINO

1. Lesslie Newbigin, *The Gospel in a Pluralist Society* [El evangelio en una sociedad pluralista] (Grand Rapids, MI: Eerdmans, 1989), 9–10.
2. Greg Koukl, «The Trouble with the Elephant» [El problema con el elefante], *Stand to Reason*, 20 de febrero del 2013, https://www.str.org/w/the-trouble-with-the-elephant.
3. Tomás de Kempis, *The imitation of Christ* [La imitación de Cristo] (Nueva York: Dorset Press, 1952).

DÍA 27: TU ABOGADO DEFENSOR

1. J. I. Packer, *Keep in Step with the Spirit* [Mantente en sintonía con el Espíritu] (Old Tappan, NJ: Fleming H. Revell, 1984), 66.

DÍA 28: PERMANECER EN ÉL

1. Andrew Murray, *Abide in Christ* [Permanecer en Cristo] (Radford, VA: Wilder Publications, 2008), prefacio.
2. C. S. Lewis, *The Complete C. S. Lewis Signature Classics* [Los clásicos completos distintivos de C. S. Lewis] (San Francisco, CA: HarperSanFrancisco, 2002), 157.

DÍA 30: UN CORAZÓN TRANQUILO

1. William Barclay, *The gospel of John* [El Evangelio de Juan], vol. 2 (Louisville, KY: Westminster John Knox Press, 1975), https://www.studylight.org/commentaries/eng/dsb/john-16.html.

DÍA 31: LA MISMA PASIÓN

1. Santa Teresa de Lisieux, *Story of a Soul: The Autobiography of Saint Therese of Lisieux* [Historia de un alma: La autobiografía de Santa Teresa de Lisieux] (Washington, DC: ICS Publications, 1976), 242.
2. Frederick Christian Bauerschmidt, *The Love That Is God: An Invitation to Christian Faith* [El amor que es Dios: Una invitación a la fe Cristiana] (Grand Rapids, MI: Eerdmans, 2020), 82.
3. R. T. Kendall, *When God Shows Up: Staying Ready for the Unexpected* [Cuando Dios aparece: Prepárate para lo inesperado] (Ventura, CA: Renew Books, 1998), 104.
4. F. F. Bruce, *The Gospel of John: Introduction, Exposition, and Notes* [El Evangelio de Juan: Introducción, exposición y notas] (Grand Rapids, MI: Eerdmans, 1983), 335–336.
5. «Saint Augustin on the Holy Trinity, Doctrinal Treatises, Moral Treatises» [San Agustín sobre la Santísima Trinidad, Tratados doctrinales, Tratados morales], *A Select Library of the Nicene and Post-Nicene Fathers of the Christian Church* [Una biblioteca selecta de los padres nicenos y postnicenos de la iglesia cristiana], vol. 3, ed. Philip Schaff (Buffalo, NY: The Christian Literature Co., 1887).

DÍA 33: LIGADO A TI PARA SIEMPRE

1. Arreh A. Shimron *et al.*, «Petrochemistry of Sediment and Organic Materials Sampled from Ossuaries and Two Nails from the Tomb of the Family of the High Priest Caiaphas, Jerusalem» [Petroquímica de sedimentos y materiales orgánicos muestreados de osarios y dos clavos de la tumba de la familia del sumo sacerdote Caifás, Jerusalén], *Archaeological Discovery* 8, n.° 3 (julio del 2020): 260–287, https://www.scirp.org/journal/paperinformation.aspx? paperid=101432.

DÍA 37: EL CENTRO REVOLUCIONARIO

1. M. Tulio Cicerón, *The Orations of Marcus Tullius Cicero* [Los discursos de Marco Tulio Cicerón], trad. C. D. Yonge, vol. 1 (Londres: George Bell and Sons, 1903), 2.5.170.

DÍA 38: TRASPASADO

1. Mateo Enrique, *The Miscellaneous Writings of Matthew Henry* [Los escritos misceláneos de Matthew Henry], vol. 7, *An Entire Collection of Matthew Henry's Works in Seven Volumes* [Una colección completa de las obras de Matthew Henry en siete volúmenes] (Londres: S. Bagster, 1811), 220.
2. John Stott, *The Cross of Christ* (Downers Grove, IL: InterVarsity Press, 1986), 159–160. Traducido al español como *La cruz de Cristo.*
3. Paráfrasis del teólogo del siglo IV Juan Crisóstomo: «Por la cruz conocemos la gravedad del pecado y la grandeza del amor de Dios hacia nosotros».
4. John Donne, *The Major Works* [Las obras principales], ed. John Carey (Oxford: Oxford University Press, 2000), 412.

DÍA 39: SÁBADO DE SALVACIÓN

1. Henri Nouwen, *A Letter of Consolation* [Una carta de consuelo] (San Francisco: Harper y Row, 1989), 78, citado en Nicholas Wolterstorff, *Lament for a Son* [Lamento por un hijo] (Londres: Hodder y Stoughton, 1989), 87.

DÍA 40: EL MOMENTO EN QUE TODO CAMBIA

1. John Piper y N. T. Wright, «The Justification Debate: A Primer» [El debate sobre la justificación: Un manual básico], comp. Trevin Wax, *Christianity today 53*, n.° 6 (junio del 2009): 34–35.
2. N. T. Wright, «Christian Origins and the Resurrection of Jesus: The Resurrection of Jesus as a Historical Problem» [Los orígenes cristianos y la resurrección de Jesús: La resurrección de Jesús como problema histórico], N. T. Wright en línea, https://ntwrightpage.com/2016/07/12/christian-origins-and-the-resurrection-of-jesus-the-resurrection-of-jesus-as-a-historical-problem/.

ACERCA DE LA AUTORA

ANN VOSKAMP ES la esposa de un excelente productor agropecuario, madre de siete hijos y cuatro veces autora superventas del *New York Times* de más de una docena de libros, los cuales incluyen: *Un millar de obsequios: El desafío a tener plenitud de vida allí mismo dónde estás* (el cual vendió más de 1,5 millones de copias y fue traducido a más de 20 idiomas); *The Greatest Gift* (El mejor regalo); *Unwrapping the Greatest Gift* (Desenvolviendo el mejor regalo); *Hacedor de caminos* y *Your Brave Song* (Tu canción valiente), el libro infantil aclamado por la crítica.

Nombrada por el periódico cristiano evangélico *Christianity Today* como una de las cincuenta mujeres que más moldean la cultura y la iglesia en la actualidad, Ann es una apasionada defensora de los marginados y oprimidos en todo el mundo. Con este fin, trabaja con Mercy House Global, Compassion International y artesanos de todo el mundo a través de su comunidad de comercio justo: Grace Case. Ella y su esposo dieron un salto de fe para restaurar una iglesia de piedra de 125 años de antigüedad en The Village Table, un lugar donde los amigos que no tienen vivienda son bienvenidos y donde todos tienen un lugar y son parte. Únete a la historia en: AnnVoskamp.com.